驚異の「幸せ転職」術

中高年が続々成功！
短期実戦プログラム

佐々木 一美
SASAKI KAZUYOSHI

制作協力：有限会社 e- プランニング
編集協力：土肥正弘（ドキュメント工房）
装丁：風間義典　本文デザイン：萩森麻美
イラスト：飛鳥幸子

はじめに

「最も強い者が生き残るのではなく、最も賢い者が生き延びるのでもない。唯一生き残るのは、変化できる者である」。これは『進化論』で知られるチャールズ・ダーウィンの言葉としてよく引用される警句です。ダーウィンが本当にこのとおりに語ったかどうかはともかく、この言葉は人生において直面するさまざまな困難に立ち向かう術を的確に表していると私は思います。

「転職支援」をビジネスとする私は、さまざまな理由で元の職を辞し、新しい職場で自分を生かそうとするたくさんの求職者と毎日会って話をしています。私のところに相談にみえる方々は、ほとんどが長い失業・求職活動に疲れて行き詰まりを感じておられます。職業生活を含めた今後の人生全体に明るい見通しがもてず、悩み、不安にかられ、孤独のなかで見えない出口を探して苦闘を続けています。

しかしそうした方々と会って本音の話をしてみると、それぞれがそれぞれの人なりに輝く魅力的な一面を持っていることに気づきます。なぜそれが充実した人生、職業生活に結びつかないのかを不思議に思うことがしばしばです。二十数年にわたる企業や専門校での進路相談、就職支援業務ののち、独立して主に中高年の相談者を中心に転職支援活動におよそ二年間従事してきた私は、今、転職に悩む方に自信を持って言えることがあります。

「本当の自分を今までの経験の中に見つけようとしないで、ポジティブな、輝く未来のイメージの中に本来の自分を見つけてください。そうすることが、まわりの環境変化に対応しながら、現実的な方法で幸せな転職を成功させることにつながります」

私は、転職とは幸せな未来の自分のためにするものだと思います。多くの転職者が抱える困難は、能力・実力の不足が原因なのではありません。ネガティブな過去に縛られて未来をイメージできず、本来の自分が最も輝ける舞台を見つけるための一歩が踏み出せずにいることが原因なのです。過去の経験を生かしてこそ、よい条件で転職が可能になると考えるのは間違いです。それはすでに機能しなくなったビジネスモデルにしがみつくことです。それでは転職は成功しません。転職できたとしても前職の年収レベルの収入は得られません。ビジネス環境は常に変化し続けています。その変化を積極的に受け入れ、今は気がついていないかもしれない本来の自分を、現実的な形でビジネスに適応させることが、幸せな転職と輝く未来へ続く道だと考えます。

その道を他人が導くことはできません。すべては求職者自身の仕事です。しかし、道を拓くための道具を提供し、他の人が踏破に成功した道を示す地図や役に立った方法を紹介し、できるだけ短期間でゴールに行き着くようにサポートすることなら、第三者にも可能です。

私が行っている転職支援サービスは、まさにそのようなものなのです。

本書の五章で私が転職支援活動で手に入れた転職ノウハウやテクニックをすべて紹介しています。それは困難な転職への道を拓く道具として機能するでしょう。現在転職にお悩みの方で、具体的な転職活動の道筋を手っ取り早く知りたい場合は、五章を先にお読みになるとよいかもしれません。しかし、五章に記したことの裏付けや考え方を知るためには、一章から通してお読みいただくことが必要です。

一章には、実際の転職相談者の事例を紹介しながら、私が推奨している転職方法のありのままの姿をお目にかけます。次に二章では、現在転職者が置かれている社会的状況と転職メディアやサービスの実態を紹介し、さらに私が行っている転職支援サービスや私自身の経歴や考え方を紹介します。三章では転職にあたっての活動の考え方（これはビジネス上の営業と同様に考えられると私は信じています）を紹介します。四章では、転職支援の背景を貫く「セオリー」とも言える考え方を紹介します。これらをお読みいただくことにより、五章にある具体的な方法がより深く理解できると思います。転職を幸せな形で成功させるために、そして転職活動を「苦しまずに」遂行するために、本書が一助になれたら幸いです。

二〇〇四年　七月

佐々木　一美

目次

第5章　成功のためのプログラムとテクニック　141

第1章

あなたの本当の価値を見つけよう（二つの事例から）

二人の転職成功者の事例を通して、転職支援のためのプログラムとその実践例を紹介します。

どのようにして「幸せな転職」が可能になるのかを、まずは転職者へのインタビューにより転職者の視点からの実例で確認してみてください。

それは自分自身の「本当の価値」を見つけだすためのプロセスでもありました。

1

ポジティブな自分に戻れた転職活動

中高年の管理職経験者が、まったく別の業種の管理職として転職に成功するまでのストーリー（実例）を通して、私が考える転職方法の実際を、求職者の視点から紹介します。

長引く不況のただなかで、多くの企業が大鉈《なた》をふるって「リストラ」という名の人員削減を行ってきました。希望退職を募るのが一般的な方法ですが、実際には特定の人が「肩たたき」をされて事実上の退職勧告を受けることが多いのです。「肩たたき」をされた人が傷つくのはもちろんですが、会社のために、会社に残る多くの同僚のために、「必要悪」としての退職勧告を行う役割を負う上級管理職も同様に傷を負っています。私のところに相談にみえた当時五二歳のYさんは、勤めていた会社が行っていた大幅な人員削減に関して実務的に先頭に立たせられた方でした。二五〇名ほどの人員削減予定のなかで六三名の方の説得にあたって円満な退社を実現させたのですが、そのことに疲れ果て、虚脱状態にあったようです。多くの人に退職勧告を行った自分に対して責任を感じ、自分自身が会社に残ることは考えられない様子でした。Yさんはやがて私の転職支援サービスを受けることになり、二カ月後には転職に成功されるのですが、その経緯を、事後調査のインタビュー（インタビュアーは無関係な第三者）から汲み取ってみてください。

◎（インタビュアー）Ｙさんはどうして転職を決意なさったのですか？

（Ｙさん）理由は一つではありません。元の同僚たちに退職を勧告してきた責任を感じたこともありますし、会社（大手書籍販売）のその時点での方針、特に新しい営業活動のアイデアを出して実際の売り上げを上げても会社に認められないこと、新しいことをしようとする人間への圧迫が強くなっていたこともあります。

◎転職を決意する前の状況はどのようでしたか？

　実は二年前から一年近くにわたってうつ症状のために仕事に意欲がわかない状態でした。そのせいもあって、仕事はそれまでの法人向けの書籍販売営業の仕事から、物流倉庫の責任者へと配転されていました。うつ病はよくなっていたので、配転そのものは打撃というより、新しいビジネス開発のチャンスをもらったという風に捉えることができました。そこで物流倉庫のスタッフを活用した新しいビジネスを立ち上げ、初年度一億円弱の売り上げを上げたのですが、会社はこれをまったく評価してくれませんでした。せっかく意欲的に取り組めた仕事なのに、また逆戻りです。そこに持ってきて、二〇〇三年五月には希望退職の募集が始まりました。私は大量の人員削減を先頭に立って行わざるを得ませんでした。ここで私の担当した六三名の社員に退職してもらうことで、残る一〇〇〇名以上の社員が助かるという思いで、辛い仕事ではあっても精一杯務めたのです。しかし、これは仲間を自分からなくしてしまうことでした。「人格批判は絶対にしない」と決めて、ひたすらにお願いをする形で退職勧告をしてきたのですが、人間関係がこうして壊れていくことに、自分の今後の人生に対する不安のようなものも感じていました。これをきっかけに、私はもう、仕事に対してポジティブになれなくなってしまいました。この年六月ごろには退職を決意していました。

◎転職支援サービスとの出会いはどんな形でしたか?

　会社からは、「次の就職が決まってから辞めてよい」と言われていたので、それは幸運だと思ってはいました。しかしそのうちに退職時期が会社の都合で大幅に前倒しされたり、子会社の重役としての再就職の道が示されたかと思うと立ち消えになったり、嫌なことばかりが続きました。自分で就職先を見つけなければならない状況でしたが、気分が落ち込んで意欲がわかず、本当に転職できるのだろうかと毎夜の寝床で考えながらも行動できないまま数カ月が経ちました。

　その頃たまたまインターネットで見たのが「中高年の転職」サイトでした。これを見て転職支援サービスに興味を持ち、転職セミナーを試しに受講してみたのです。受講の前は転職支援サービスというものに対して半信半疑、というより詐欺商法の可能性もあるかも、とさえ思っていました。セミナーでは「条件破壊」や「開拓応募」など初めて聞く転職方法が説明されました。ずいぶん勝手な論理だな、と思いながら聞いているうちに不思議なことに「俺は転職できる」という気持ちがわいてきたのです。そのセミナーでは、「自己ＰＲ文」を作成したのですが、その作成作業は顔から火が出るくらい恥ずかしい、インパクトがあるものでした。それは単に作文をするのではなく、過去の自分の長所も短所も含めてすべてを洗い出し、未来の自分へとつなげていくことが中心だったからです。しかし、このセミナーで聞いた話と自己ＰＲ文作成作業を通して、転職に対して、いつの間にか積極的な気持ちになっていました。しばらくして、その時点でも「ダメもと」という気持ちではありましたが、転職支援サービスを申し込むことにしたのです。

◎転職支援サービスはどのように行われたのですか？

まず支援担当者と私の一対一で、私の自宅で丸一日をかけた話し合いをしました。私はこれまでの経歴をはじめとして、昔から考えていたこと、なりたかった職業など、さまざまな話を長時間にわたって話しました。自分のことをそれほど長時間にわたって聞かれ、また答えたのは初めてのことです。話をしているうちに、それまで「似た業界の営業職」への転職しか考えていなかったことや、自分で特別に意識してはいなかった前職に対するこだわりに気づきました。支援担当者は、そのこだわりを具体的に指摘してくれたのです。話のなかでそのこだわりはだんだんと解けていきました。さらに、以前は大学職員になることを夢に描いたことがあることも思い出していました。その一日の話で、転職先の考え方の幅が広がり、広がったなかでの優先順位を考えることができ、次第に転職への不安感が取れていきました。

そうした話のあと、支援担当者は具体的な行動目標を指示してくれました。それは「大学に絞って一〇〇件の応募」、しかもスタートから二カ月の活動スケジュールの中でそれを行うというものでした。ただでさえ求人がないと言われる今、五二歳の私にとって、「無茶な課題」と思えました。週に数十件の応募先を見つけ、書類を送らなければならないのです。

しかし、支援担当者は「転職は営業と同じ」だと言います。考えてみれば、新規顧客を開拓するために、営業マンならこのくらいの仕事をするのは別に珍しいことではないではないですか。「絶対できる」という言葉を信じてみようと思い、準備を始めたのです。

◎転職の準備としてはどんなことをされましたか?

二つのことを中心にしました。一つは求人情報を徹底的に集めることです。複数の新聞、複数の求人情報誌、インターネットの求人情報サイトの情報をできるだけ多く集めることと、三〇社ほどの人材紹介サービス会社への登録を行いました。私の年齢条件などにぴったりの求人だけでは応募数を増やすことはできないので、少々求人条件が違っていても気にせずに情報を集めました。求人条件に外れる場合でも企業の本当のニーズに見合った人材なら採用される可能性が高いと教えられたからです。

もっともその場合、私がどんな貢献ができるのかを求人企業にわかってもらわなければなりません。そこで、もう一つの活動準備として、自己ＰＲ文の完成度を上げることを行いました。作成を繰り返しては支援担当者に見てもらい、具体的な指摘をしてもらってまた書き直します。この作業を通して、自分がしたいこととしてきたことが正確に把握できるようになってきました。たいしたことはないと思っていた経験を「すごい」と褒められたり、自信を持っていた経験にそれほど反応してもらえなかったりすることで、客観的に自分を理解することができるようになり、セールスポイントがより明確になったと思います。

多くの人材紹介サービス会社に直接足を運んでコーディネーターの方と話をしましたが、こちらではなかなか客観性のあることは言ってもらえませんでした。自分たちの持っている求人市場にどんな人材が当てはまるかが関心の中心になっている人材紹介サービスでは、当てはまらない人材には無関心なんです。

◎実際の転職活動はどのように進めたのですか？

私の場合は在職のままで活動するということで会社とのさまざまな軋轢《あつれき》があり、なかなか本格的に活動することができず、実際に支援担当者と一緒に作ったプログラムに従って活動を始められたのが、ウェブページを見てから約五カ月後の一一月からになりました。自己Ｐ

R文や応募書類のひな型はその時点までにできていたので、あとは応募先を探し、書類を送付するだけでした。優先順位のトップだった「大学」を業種ターゲットに、「営業」を職種ターゲットにして、一週間から一〇日くらいの間に一二〇件の応募を一気に行いました。休む暇も考える暇もありませんでした。行動している間は、クラくなっていることはできないものです。気持ちは完全にネガティブからポジティブに切り替わっていました。家族はみんな応援してくれ、三人の子供たちも封筒貼りを手伝ってくれたりしてあと押ししてくれました。はやる気持ちの私に、ときにはブレーキをかける役目も果たしてくれました。

◎結果はいかがでしたか？

この一二〇件の応募の結果、九割がたの応募に返事が返ってきました。そのうち、可能性がある返事は三〜四件でした。なかで、ある私大が求めていた研究成果の企業への売り込みという仕事の推進役としての仕事に興味を持ち、営業経験が役立つと考えて面接を受け、一二月中に入職を決めることができました。年収レベルは前職と同等です。

◎転職活動を振り返ってご感想を聞かせてください。

一人で悶々と悩んでいたことが、客観性を持った人と相談することで自分のなかで整理ができていったことが印象的です。それまでの転職活動ではいろいろなところに凝り固まった部分があったと思うのですが、それを解きほぐすことができました。また、活動スケジュールを作ってその実施を約束してしまうと、約束を守らなければならないという意識が強く働きます。それが行動を続けられた一番の要因だと思います。気持ちが弱くなってきたらいつでも電話で相談できたことも、孤独感から行動を鈍らせないで済んだ要因ですね。さらに、「転職は営業」という考え方を聞いて意欲が出てきたこと、今まで知らなかった転職のノウハウやテクニックを知り、自分が活用できたことも、無駄なことをしないで短期間に成功できた大きな要素だと思います。

Ｙさんは現在、著名な理工系大学の研究所事務職員の管理職という立場で活躍しておられます。Ｙさんの志望業種・職種は極めて求人数が少なく、年齢条件を加味すれば一般的には可能性ゼロと判断されるでしょう。その不利を豊富な活動量と強力な自己ＰＲ文による力ワザでカバーして、見事に成功されたわけです。その背景には、かつて憧れていた大学という職場（業種）と、営業職という本来好きだった職種を両立させて自分の未来を描くことができたことが大きな要因としてあげられます。本来の自分の興味・関心のありかを確かめ、それに向かってよりポジティブな意識で行動に専念し、行動に専念することによって前職の会社との軋轢による苦しさや不安を乗り越えることができたのだと思います。これは稀有《けう》な事例だとお思いでしょうか。それは違います。私が支援した求職者の経験を代表する典型例でこそあれ、珍しいケースとは言えません。

2

派遣社員から総合職へ回帰を果たした転職活動

中高年男性よりもさらに厳しい情勢にあるのが総合職を目指す女性です。派遣やアルバイトの求人が豊富ななか、あくまで総合職を目指してがんばった例を紹介しましょう。

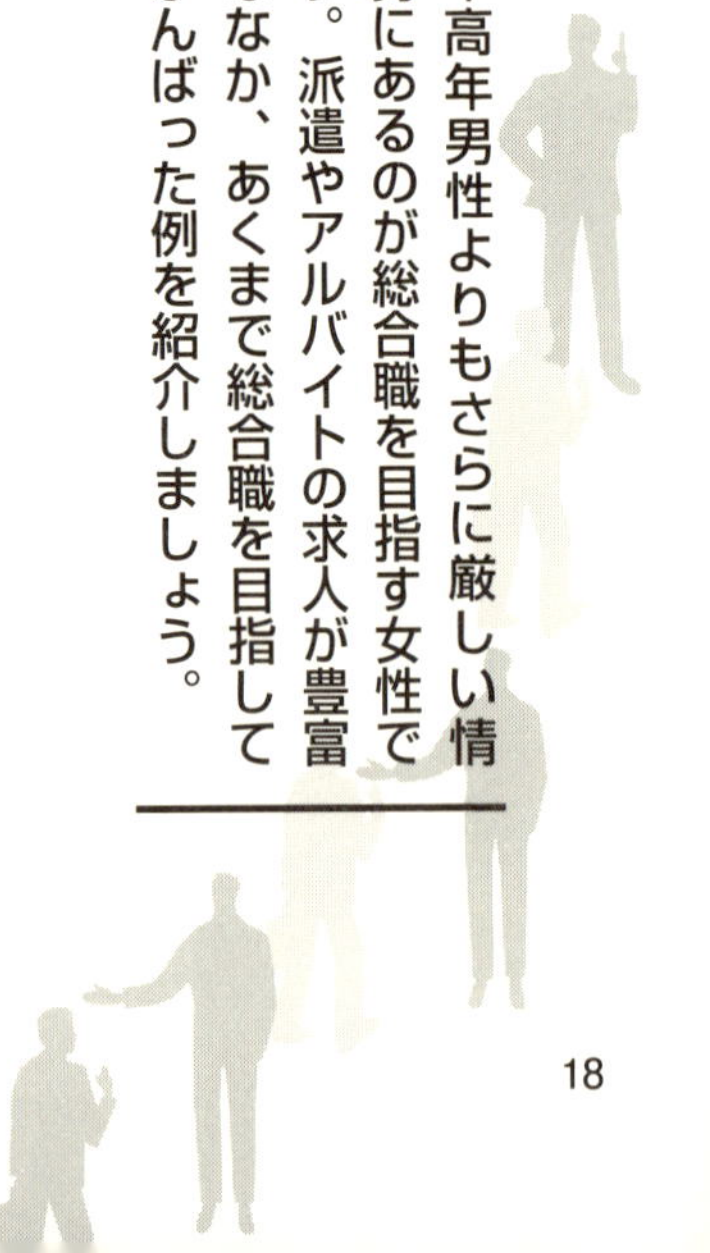

今度は女性の転職成功者の事例を紹介しましょう。Ｉさんは現在三〇代半ば、大学の英文科を卒業したあとリース会社に入社しましたが、仕事の方向性がＩさんのなかで定まらず、退社して英国へ語学留学したり、帰国してさまざまな仕事を転々としたりしながら、やがて外資系の証券会社での職を得て、トレーディング業務などにかかわりながらキャリアを積み上げてきた方です。語学力もあり、業務知識も豊富なＩさんは、よりよい職場を求めていくつかの証券会社に次々に「転社」していきました。実力はもともとある方ですから、簡単に入社が決まったということです。最後の証券会社に入社したのが三二歳の頃でしたが、業務縮小の影響もあり、三年弱でそこを退職することになりました。しかしその頃には不況は考えていた以上に深刻化しており、しかも年齢条件もこれまでとは違い、厳しくなっていました。

現在、女性で総合職でがんばってきた人がリストラなどで退職されると、その後正社員としての就職を決めるのは正直言って本当に厳しいと思います。中高年の男性よりもさらに厳しいような気がします。ただし、女性の場合はアルバイトや派遣社員としての求人なら、数としては逆に増えています。結局、正社員はあきらめて、まずは派遣やバイトでつないでいこう、ということになりがちです。Ｉさんも一時は派遣社員としての仕事に就きました。しかし、その立場での仕事を長く続けると、生活を独立して営むことは年収からみても苦しくなると考え、派遣の仕事を続けながらの転職活動を行い、最後には総合職正社員として転職を果たしました。先ほどと同様、第三者による事後調査インタビューでＩさんのケースを簡単に見てみましょう。

◎転職の活動はどのように進められましたか。

過去にも同業界（証券）で転職経験があったので、アウトプレースメント事業も行っている人材紹介、就職斡旋《あっせん》会社を知っていました。最後の証券会社を辞めたあとも、どうしても総合職正社員として責任ある仕事をしたいという気持ちが抑えられず、失業保険の給付を受けながら証券、投資顧問、金融の業界に絞って斡旋会社のカウンセラーに相談していました。そこでは親身になって話を聞いてくれはしましたが、やはり求人が少なく応募できる先が限られていて、面接に行き着いても一カ月にせいぜい三社ほど、しかも面接はことごとくしっくりいかず、不採用になることを繰り返していました。斡旋会社ではさまざまなセミナーを開催していて、面接のためのセミナーを含めほとんど全部のセミナーを受けました。それでもやはり不採用を繰り返すために、どんどんモチベーションが下がっていきました。失業保険の給付が終了するまでの間、転職活動はしていてもどこか浮世離れした生活が続いていました。しかし保険給付が終わると、嫌でも現実に向き合わなければならなくなりました。そのときに気づいたのは、実際には派遣社員の仕事でさえも年齢と空白のあるキャリアの問題で厳しくなっているという現実でした。そのなかでもなんとか派遣の仕事を得ることはできたので、仕事をしながら総合職へ転職する道を探し始めたのです。

◎そこで転職支援サービスを利用してみようと考えたのですね。

はい。「中高年の転職」サイトで転職セミナーを知り、受講してみた結果、総合職としての転職に役立ちそうだと判断して「一対一直接指導」を申し込んだんです。

◎その感想と、活動の結果を教えてください。

与えられた課題は、まず自分の好きなことをつきつめよう、ということでした。「できること」ばかりでなく「好きなこと」を考えよと。それを応募先決定の軸にして、ターゲットを決めて週に二〇社の応募をしなさいというのです。証券や金融などこれまでの経験を生かすことしか考えていなかった私は、自分の「好きなこと」と言われてもとまどうばかりでした。でもこの転職プログラムは時間制限がある厳しいものです。応募のターゲットを早く決めないと、応募が間に合いません。週に一回、支援担当者と電話で話すのですが、そのときに活動が進んでいないことで注意されるのが嫌で、とりあえず興味があって「できそうなこと」をターゲットにすることに決め、証券関連以外に語学学校や貿易事務などの職にも応募して週に二〇社の応募ノルマを達成していきました。すると翌週には四、五件の面接が入ってきました。これは今までの方法では考えられなかった数です。実は、転職プログラムでは応募書類の一つとして必ず自己ＰＲ文を入れることになっていました。自己ＰＲ文には私が事務処理を効率的に行ったために受注量を一〇％上げた実績や、交渉ごとに自信があることなどを書いたのです。その効果だと思います。

　また、面接のときには「質問をしなさい」と教わりました。その質問によって、相手の会社の中身がわかるというのです。私は斡旋会社でビデオ撮影をして行う面接トレーニングなどを受けていたのですが、このテクニックは知りませんでした。以前の転職経験で、私は当初のイメージとはまったく違う職場と仕事に面食らったことがありました。面接時の質問によって、そんなことも避けられると思いました。

　また、面接の数が多くなると、面接のテクニックが自分なりにわかってきます。不採用になる面接では、私は決まって自信のあるところをアピールしようと躍起になっていたように思います。でも、質問をして相手の話を謙虚に聞くことができた面接は合格することが多いことがわかってきました。

最終的には就職斡旋会社の紹介してくれた外資系の小売業で翻訳・通訳と外国人管理職のアシスタントの兼務という形で正社員として採用されることになりました。この成功は、応募先の幅の広げ方や、自己PR文作成に必要だったセールスポイントの明確化、それから面接でのテクニックなど、教わったノウハウが全部役立ったと思います。面接を数多くこなすことで、その場で緊張せずに謙虚に自分らしさを出すこともできるようになりました。

以前の私は、自分は年齢が行き過ぎている、もう社会に必要とされていないのでは、と悩んでいましたが、この転職活動を通して、そんなことはまったくの幻想だということがわかりました。

Iさんの置かれていた状況は、中高年を迎えようというキャリア志向の女性の転職者の典型的なものだと思います。苦しい状況のなかでも積極的に行動を取ることができるのは何よりもモチベーションです。先入観や不安はモチベーションを低下させる原因ですが、それを行動によって振り払っていったことがIさんの成功の原因だと思います。

求職者の方々の言葉から、私の提供している転職支援サービスのイメージがおわかりいただけたでしょうか。次章では、今度は指導する側の立場から、転職支援サービスの実際を紹介します。

第２章

なぜ転職できないのか（転職ビジネスの現状）

転職希望者が転職を実現できないのは、単に求人数が少ないからだけではありません。転職支援を標榜する情報源やサービスが、本当は転職者本位のビジネスモデルとはなっていないために、企業の本音のニーズにも、求職者のニーズにも応えられていないことにも問題があると思います。

ここでは、転職にまつわるメディアやサービスの現状を紹介し、まるで違った新しい求職者本位の転職支援サービスの考え方を紹介します。

1

いまだ厳しい転職の現状を打破するために

経済／雇用情勢に光が見え始めたとはいえ、転職を目指す中高年にはまだまだ厳しい客観情勢です。しかし転職活動を戦略的に行えば、必ず転職成功への道が開けます。

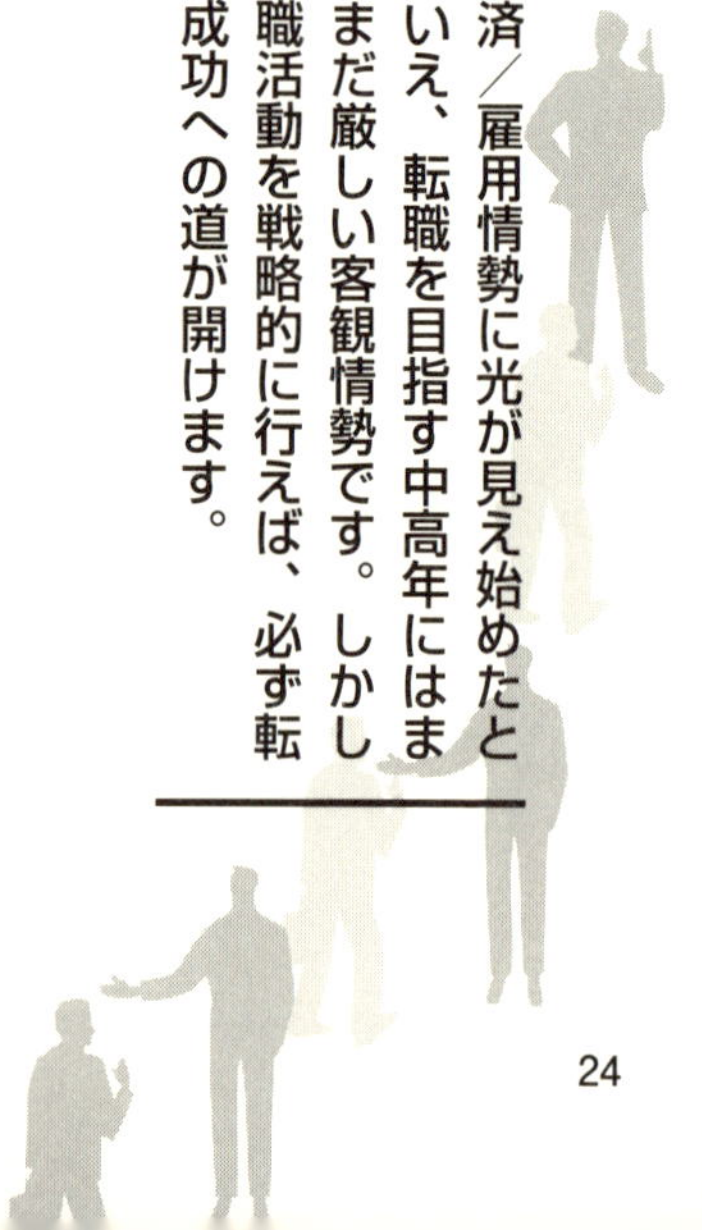

■求人がない？　それは間違いです

「私に見合う条件の求人がないんです」。これは私のところに相談にみえる方のほとんどが口にする言葉です。そして決まって「だから転職ができないのです」と続きます。相談者は真剣に転職を考え行動していても、なかなかうまくいかずに悩んでいる方ばかりです。これに対して私が言うことはいつも同じです。「大丈夫です。まず希望条件を一緒に見直しましょう。それと、求人の見つけ方を考えましょう。そうすればうまくいきますよ」

　こう断言できるのには理由があります。私が二年ほど前に立ち上げたウェブサイト「中高年の転職」には、開設当初からたくさんのアクセスをいただきました。このウェブサイトを通して、私は転職を真剣に考えているたくさんの方と出会い、悩みを聞き、転職に至る最善・最短の道を一緒に考えてきました。私には企業の人事部門との特別なコネクションはありません。他の人材バンクや就職支援サービスのように求人情報を企業から得て求職者に提供する仕組みも持っていません。私は自分で築き上げてきた転職ノウハウと方法論をもとに、転職希望者と面談して個別に転職プログラムを作成し、その実行を見守ることだけを行っています。

しかしこの二年間に相談を受け付けた九〇名を超える方々は、プログラムスタートから二カ月以内にほぼ例外なく転職に成功されました。しかもそのほとんどの方が前職と同じかそれ以上の年収条件・勤務条件での転職となりました。相談者は中高年であるなど一般に転職が難しいと言われている条件を持つ方ばかりです。この成功率は単なる幸運ではあり得ません。この事実を踏まえ、「あなたも思いどおりの転職が可能です」と言い切ることができます。また、「求人がない」というのも思い過ごしだと言えるのです。

私は、転職とは自分の本当の価値を生き生きと発揮できる場を見つけることだと考えています。それが求職者の本当の望みであり、また企業が本音で求めていることでもあると思っています。それを追求してきたからこそ、前職の年収以上の条件で希望職種への転職が次々に成功したのだと思います。私はそんな転職を「幸せ転職」と呼びたいと思います。中高年であろうと、どんなに難しい条件を抱えていようと、行動と考え方を変えることにより、「幸せ転職」は必ず実現できると私は信じています。その裏づけになるのが私がこれまで築き上げてきた転職のためのノウハウです。これはどんな場合でも、誰にでも同じように効果を発揮できる「道具」として使えます。しかしこれは私の「商品」ではありません。私のビジネスの根本は、私が求職者とともに考え、ゴールまでの道のりを伴走者としてともに走り抜けることにあると思っています。ノウハウはそのためのエネルギーを求職者に与えてくれるものです。私はむしろノウハウは積極的に公開して、転職に悩む方々の転職活動に役立てていただきたいと思っています。この本のノウハウのうちの一つでも幸せな転職の役に立つなら、それに越した幸せはないと考えています。

■就職活動における「営業努力」

さて、転職の客観情勢を見てみると、全般的には若干の明るさが見えてきたとはいえ、中高年の求職者にとっては有効求人倍率の伸びも焼け石に水のような状況です。それなのに、私が相談を受け付けた方々が次々に内定を得ることができたのはなぜでしょうか。それは転職のための「戦略」立案が適切に行え、それを忠実に遂行することができたためだと、私は考えています。その「戦略」は何も突飛なものではありません。転職とは、今まで磨き上げてきたあなた自身の価値をターゲット企業に正しく伝え、あなたがもたらすはずの企業利益の見積もりを適正に行ってもらうことなのです。これはビジネス上の営業と似ていませんか？　商品を売るのにはマーケティングが不可欠です。商品価値を理解してもらうためのＰＲも、営業トークも必要です。ところが、転職という自分自身を「売る」活動の際には、こうした「営業努力」がないがしろになっているケースがあまりにも多いように、私には見受けられます。

■まずはマーケットの現況を見つめよう

もしあなたが営業企画を行うなら、新商品投入の前には市場を十分に吟味することでしょう。転職の場合でも、マーケットがどんな状態なのかを知ることは大事です。まずは一般の雇用情勢を見ていきましょう。これについては政府機関が逐次レポートを行っています。次ページのグラフを見てください。これらのデータから読み取れることはたくさんあります。

まず第一に、わかりきったことかもしれませんが求職者に対して求人が少ないという現実です。「有効求人倍率」は平成二年（一九九〇）に「1」を超えていましたが、ここ数年は半分以下に減少し、平成一六年（二〇〇四）に入ってからやや上向きとはいうものの、低いレベルでの推移を続けています。平成一四年（二〇〇二）の有効求職者数の約四割が中高年齢層ですが、有効求人倍率はというと四〇〜五九歳の場合で〇・五％ほどしかありません。これを見ると、転職は狭き門になっているうえに、中高年には特に厳しい状況が続いていることがはっきりします。数の上だけで見れば中高年の方はほとんど就職することができないことになってしまいます。

ただし実際には中高年こそが活躍できる仕事があり、実際にハローワークにおいてはそういっ

1　雇用の現況

完全失業率と有効求人倍率（季節調整済み）

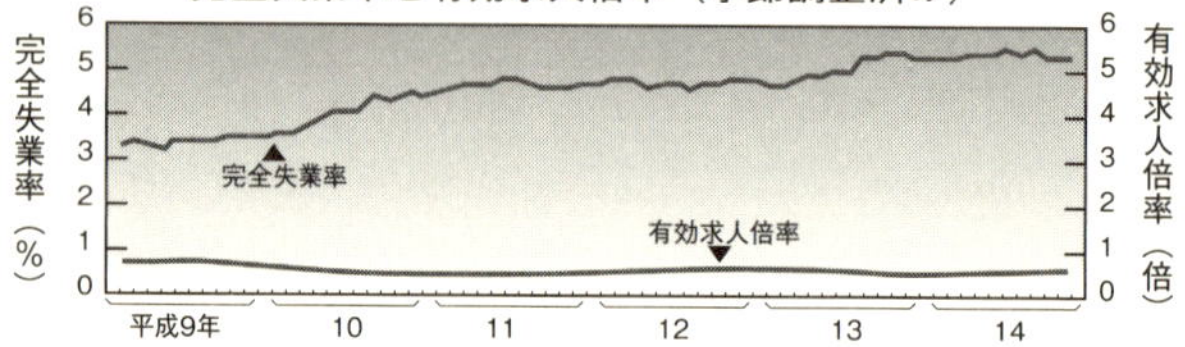

年齢階級別有効求人倍率

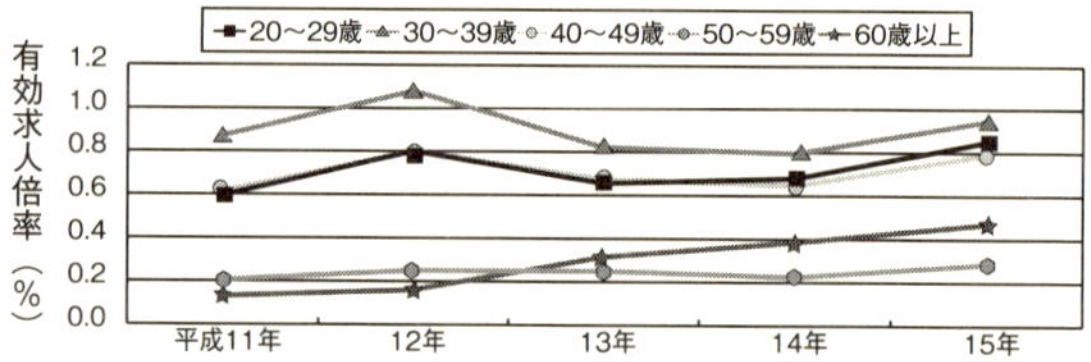

新規学卒者及び臨時・季節を除き、パートタイムを含む。
厚生労働省職業安定局「職業安定業務統計」より（各年10月）。

有効求人倍率＝$\frac{\text{有効求人数}}{\text{有効求職者数}}$

総務省統計局『日本の統計2004』より。

一般職業紹介状況（平成16年4月）

項目＼年月	平成16年 4月	平成16年 3月	平成15年 4月
1　月間有効求職者数（人）	2,688519	2,531,766	2,925,681
2　新規求職申込件数（件）	839,621	702,685	891,258
3　月間有効求人数（人）	2,016,387	2,085,432	1,715,171
4　新規求人数（人）	774,089	869,369	672,118
5　就職件数（件）	253,208	229,606	252,840
6　有効求人倍率（3/1）（倍）	0.75	0.82	0.59
季節調整値	0.77	0.77	0.6
7　新規求人倍率（4/2）（倍）	0.92	1.24	0.75
季節調整値	1.24	1.14	1.02
8　就職率（5/2×100）（%）	30.2	32.7	28.4
9　充足率（5/4×100）（%）	32.7	26.4	37.6

厚生労働省職業安定局雇用政策課発表。

た求人も少数ながら見受けられます。私は、実際には中高年の経験や知識が活用できるビジネスフィールドはもっとはるかに多く市場に潜在していると考えています。

■企業の人事システムの裏オモテ

「四九歳の私が三五歳までの求人に応募してもはねつけられるだけだと思っていましたが、意外と面接にまでこぎつけるケースが多いのに驚きました」とはある相談者の感想です。ところがこのような、年齢条件を無視した応募によって面接にこぎつけ、そして内定を得るというケースは、実は私の転職支援を受けた方のほとんどが体験する一般的な事例です。もちろん書類選考や面接で不採用になることもありますが、やがては必ず成功しています。

なぜこんなことが起きるのかといえば、企業の人事システムには裏オモテがあり、求人情報としてはオモテの面しか出すことができないという事情からではないかと思っています。本当は社内で管理的な仕事が適切にできる経験豊かな人材が必要なのに、それなりの年齢の人を雇うには人件費が多く必要なので、予算範囲内に収めるために、公的な求人情報としては若い人だけを募集しようというのがその典型例です。

この場合、企業側では「若い人」が本当に必要なのではなく、次善の策としてやむを得ず年齢を限って、少なくともスタッフの増強にはつながるといった思いで募集を行っているのです。そこに、本当に必要とされている資質・能力、あるいは実績を持った人が現れたらどうでしょうか。もしかするとその人は、当初のニーズを超えた利益を生み出す力があるかもしれません。その人の給与を捻出するには既定の予算では足りないことが明らかだったにせよ、人事選考の担当者は迷うはずです。そして考えあぐねて意思決定をあきらめ、経営層への問い合わせをしてくれるかもしれません。すると、その瞬間からその応募者の扱いは一般の求人とは別の選考になります。そこが、求人条件を無視した応募の眼目なのです。

こんな例もあります。相談者の一人で中高年のAさんは、新卒者を対象にしていた求人企業に、無謀にも応募書類を送りつけました。即座にはねつけられると思いきや、実はその会社は新規事業の立ち上げを間近に控えていて、経験豊かな管理職の人材を探していたというのです。即座にAさんの面接は決まってしまいました。まるでひょうたんからコマといったケースですが、実際にはこのような重要なニーズが埋もれたままになっていることが、おそらく一般の求職者が想像する以上にあるのです。

■求人情報に見る「求められる人材」像

さて、企業が公にするオモテのデータとはどのようなものでしょうか。次ページに掲げるのは最近の新聞や求人情報誌に掲載された求人情報の典型例（一部抜粋）です。

2　典型的な求人情報

技術系の求人

職種：業務系 SE（正社員）
就業場所：東京都新宿区
業務内容：Visual BASIC によるシステム構築、運用
給与：年俸 400 万円～
応募資格：20 ～ 35 歳まで（学歴不問）　1 年以上のシステム開発経験者優遇

事務系の求人

職種：営業事務担当者（正社員またはパート）
就業場所：東京都新宿区
業務内容：営業事務（受発注、顧客対応など）
給与：月収 20 ～ 25 万円、時給 1000 円～
応募資格：20 ～ 35 歳くらいまで、一般的な PC 操作に慣れていること、意欲・積極性の高いこと

営業系の求人

職種：ファストフード販売会社、渉外担当者（正社員）
就業場所：千葉県松戸市
業務内容：金融機関、個人投資家に対する経営計画説明資料作成および対応
給与：年俸 600 万円～
応募資格：35 ～ 40 歳くらい（大卒以上）、IR 経験者

無味乾燥きわまりないこの文章から、仕事のイメージがつかめるでしょうか。職種についてはだいたいわかり、就業場所は明らかです。しかし業務内容の具体的な感触は伝わってきません。ここに表明されていることは、企業が求めている人材像のほんの表層部分でしかありません。実際には、ここには「足切り条件」が並べてあるにすぎないのです。収入をこれ以上求める人はいらない、年齢が条件を超える人は応募しないでほしい、ということを言っているのです。しかし、この原稿を作った人は誰なのでしょう。たいていは経営者はタッチしていません。仕事がら、私は企業の人事部の方と会う機会も多いのですが、人事部の方も他の部門と同様に省力化、効率化を図る必要に迫られています。一般の求人数が少ないなかで応募者は多く、じっくりと人物像を検討してから面接するよりも、まずは年齢や経験年数などの数字で足切りをしていくのが得策と考えて不思議はありません。選考の効率を考えて、「落とす条件」を公には提示している場合がほとんどです。したがって、これらの条件に少しだけ外れる人は、応募したとしても書類を通すことがまずできません。なぜなら外れた部分のない人がたくさん応募するからです。

■企業の本音のニーズに迫る

ところが大きく条件を外した場合は逆の効果を生む場合が少なくないのです。例えば前ページの図の「技術系の求人」を行った会社は、未熟な若いプログラマーをたくさん抱えてしまうために、業務の進捗管理に困っているかもしれません。そこに「プログラミングはできないがプロジェクト管理に長けた中高年」の方が応募した場合、管理者として採用される可能性が出てきます。また同図の「事務系の求人」の場合も同様に管理業務の負荷が高まっている可能性があります。同図の「営業系の求人」の例は企業財務などの経験を積んだ中高年にはぴったりの職種ですが、少し年俸が年齢に比して低すぎるようです。しかし例えば求職者が財務会計や広報などの実務経験を豊富に持ち、その能力によって会社により多くの利益をもたらすことを企業の経営層に納得させることができれば、提示された年収以上の金額での採用も考えられないことはありません。

私のところに転職相談にみえる方は、中高年であったり、転職経験が多く履歴の空白期間が長いなど、条件面でのマイナス要因を多かれ少なかれ抱えておられます。そうしたマイナス要因のない他の応募者と真っ向から勝負することはできません。

私は公表されている求人条件に対して自分の経歴などを単純にぶつけていくことを「データ戦」と呼んでいます。人事部の担当者が書類を見て「書類返送」か「面接通知」かどちらかに振り分けること。それがデータ戦の勝負の分かれ目です。条件面でのマイナスを抱えている場合には、データ戦に勝ち残ることを期待するわけにいきません。むしろ、データの形にならない、自分独自の長所、企業にとっての利益の可能性をはっきりとさせて、たくさんの「条件のよい」競争相手とは同じ土俵に乗らず、企業に別の土俵を用意させることをこそ目指すべきだと考えています。

2

転職支援のためのメディアの実際

転職を考え始めたとき、誰でも真っ先に取る情報収集法は新聞や雑誌などの求人情報を読むことでしょう。しかしこれらメディアは本当の求人ニーズを表しているのでしょうか。

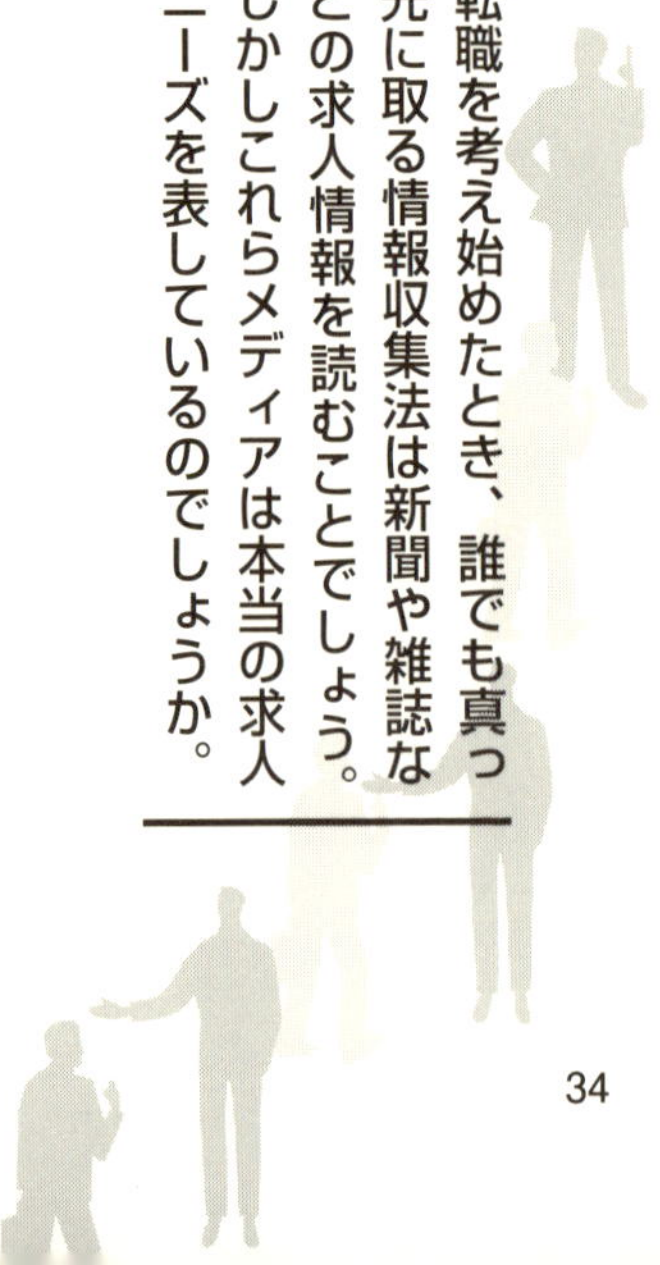

■応募先を探すための情報収集チャンネル

さて、企業の本音を捉えて自分の価値をぶつけるといっても、相手がなければ始まりません。自分をぶつける相手は、それだけの価値がある企業でなければならず、また自分がそこで働きたいという意欲がわく業種や職種でなければなりません。とはいえ何も求人活動をしていない企業にあたるのは徒労にすぎません。それではどのように相手（応募先）を選べばよいのでしょうか。

応募先決定のための情報源にはさまざまな種類があります。これを情報収集のチャンネルと呼びましょう。情報収集チャンネルには次のようなものがあります。

・求人誌
・新聞

・新聞の折り込み広告
・ハローワーク
・人材銀行
・その他の公的機関
・インターネット上の求人情報
・人材紹介業

これらの情報収集チャンネルのそれぞれに特徴があり、利用するにはその特徴や性格を理解しておく必要があります。ここではまず、一番手軽に利用できる情報収集チャンネルである求人情報誌や毎日の新聞に必ず載っている求人広告、新聞の折り込み広告として入ってくる求人紙について考えてみましょう。

■求人情報誌紙の特徴

全国の求人情報誌紙出版社やウェブの求人情報サイト運営企業が集まっている社団法人全国求人情報協会には、現在七〇社が正会員として登録しています。登録企業すべてが求人雑誌を発行しているわけではありませんが、複数の求人雑誌等を発行する企業が多く、また地方版が各種発行されているため、全部含めると会員企業だけで二〇〇種類を超える情報誌紙が発行されています。近隣地域の情報誌紙を含めて考えれば、首都圏の方なら数十種類の情報誌紙を活用することができるでしょう。また同協会では会員が発行する媒体のうち一六〇誌の求人広告掲載件数を毎月公表しています。平成一六年四月の掲載件数はおよそ三四万件、そのうち正社員系求人が一三万三〇〇〇件ほど、残りがアルバイト系です。

これらの求人情報誌紙に共通した特徴は何でしょうか。まず、書店や駅のキヨスクで売られている就職情報誌について考えてみましょう。これらを手にするとき、普通の雑誌とまるで違っている一つの事実に気がつくはずです。それはページ数の多さと、それに普通はある程度比例しているはずの価格とのギャップです。これらの雑誌は、どれも「安すぎる」と感じませんか。一冊に詰め込まれた情報量は並の小辞典に肩を並べるほど多いのに、価格はせいぜい数百円。制作費を考えると、いくら大部数を売るにしてもアンバランスです。これは、出版物の購買による売り上げに頼る一般の出版ビジネスモデルとは違うことを意味しています。では、何が出版社の利益になるのでしょうか。それは求人広告を出す企業からの広告収益なのです。

求人雑誌には、広告のページ以外にたくさんの編集記事も掲載されています。それらは一面では読者へのサービスになっているのですが、そのことによって雑誌の価値をより高め、求人広告スペースをより高く売るための施策にもなっています。出版社としては、後者の側面をより重視しているのは当然です。

3　求人情報誌の求人広告の傾向

求人広告掲載件数の伸び（対前年同月比）

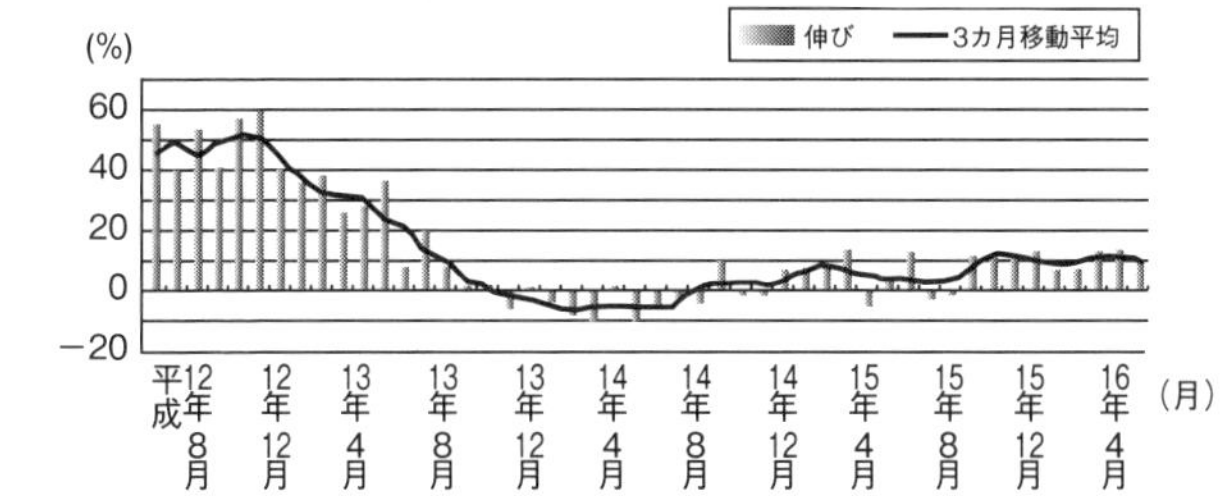

求人広告掲載件数推移　（実数）

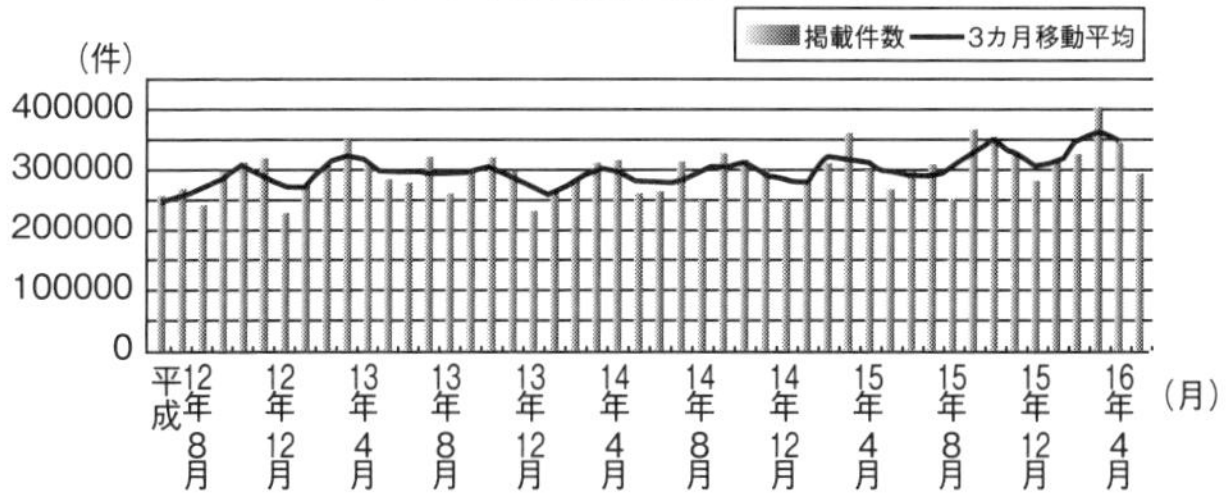

アルバイト系と正社員の求人広告掲載件数（3カ月移動平均）

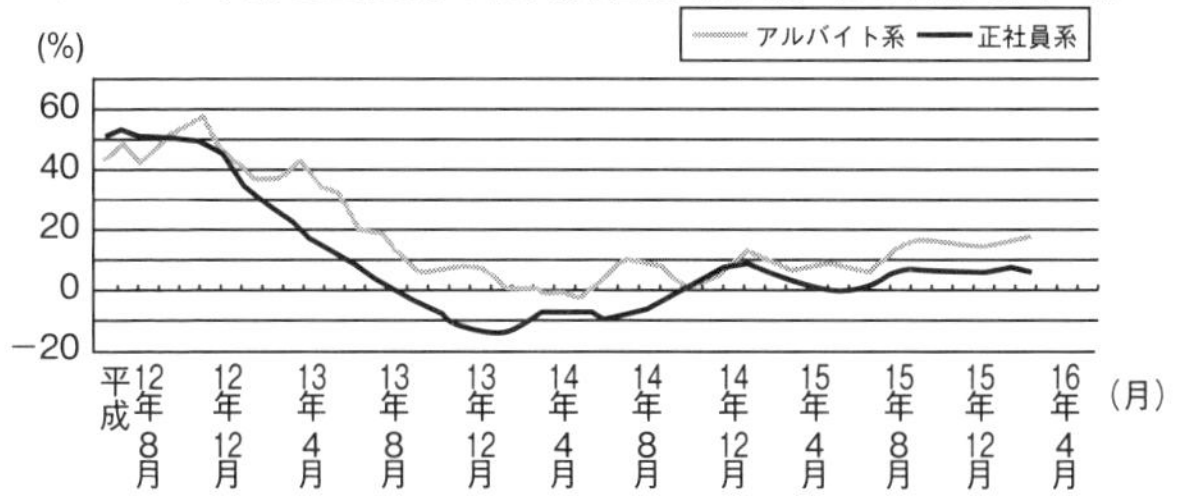

(社)全国求人情報協会調査より。

こうした特徴がより顕著に表れているのは、キヨスクや喫茶店、コンビニなどに置かれているいわゆる「フリーペーパー」としての求人情報誌（紙）です。これは地域別に編集されて無料で配布されているもので、完全に広告収入に依存したビジネスモデルを持っています。新聞折り込み広告として配布されている求人情報紙も同様です。

■求人情報誌の問題点

こうしたビジネスモデルを持つ求人情報誌は、基本的に広告主（企業）のほうを向いて営業活動を行っています。当然ながら、誌面には企業のオモテ向きの求人情報だけが載ります。多くは人事部の担当者が作成するその情報は、前述したように効率的な足切りができるようなものばかりになってしまいます。その結果、大多数の求人広告の求人対象者には、「三五歳以下」という条件がついているのです。統計的な数字はありませんが、感覚的には九九％まで、若い層を対象にしていると言っても過言ではないでしょう。

中高年の求職者がこうした情報誌を読んで、「私に合った求人がない」とこぼすのは当然です。条件を額面どおりに捉えると、中高年の方がこれら情報誌で応募できる可能性はせいぜい一％、応募者のうちで面接までたどり着ける可能性はきわめて少ないと言わなければなりません。応募先が見当たらないのが、求人情報誌の問題です。

■新聞の求人広告の特徴

次に、もう一つの身近な情報収集チャンネルである新聞の求人欄について考えてみましょう。新聞の求人広告は、紙面スペースの決められた一部を広告主に売るという形を取ります。新聞と求人情報誌のビジネスモデルはずいぶん違いますが、こと求人欄にだけ注目するなら、ほぼ同じビジネスモデルといってよいでしょう。したがって情報誌と同様の問題点を抱えています。

求人情報誌と違うのは、発行部数が極端に多いという点です。日刊紙の総発行部数は、全国で五三〇〇万部に迫ります。これは全国の世帯数よりも多い数です。もっともこのうち有力な求人情報欄を持つ新聞は限られており、ホワイトカラーの転職に主に活用されているのはいわゆる三大全国紙（朝日、読売、毎日）と日本経済新聞です。これらを合わせた発行部数（朝刊のみ）は二五〇〇万部を超えます。購読者みんなが求人欄に目を通すわけではありませんが、それでも膨大な数の利用者がいると考えられます。

■新聞の求人広告の問題点

転職・再就職の経験者で転職・再就職先の会社をどうやって知ったかという朝日新聞の読者調査（二〇〇三年消費生活調査。朝日新聞社）によると、「友人・知人・家族の紹介」（約五〇％）

の次に「新聞の求人広告」（二三％）が多いという結果になっています。ちなみに「転職の専門誌」で知った人は約一六％です。つまり、新聞はより多くの人の目に触れ、求職者の注目度も高いということができます。この事実は一面ではメディアとしての優秀性を示しますが、中高年の求職者にとっては問題です。なぜなら、数多くの人が求人広告に注目するために応募数が多く、ライバルが多くなって競争率が高いからです。

年齢条件などは情報誌と同様に中高年にとって厳しく、かつライバルが多くなるのが新聞の求人広告です。あるとき私の知人の会社が四五歳前後という年齢条件で朝日新聞に求人広告を載せたことがありました。そのときの応募者数はなんと一〇〇〇名を超えたそうです。それで採用したのはわずかに二名のみ。実に五〇〇倍の競争率になってしまったわけです。年齢制限をもっと下に設定した募集でも、二〇〇名程度の応募は当たり前だということです。つまり、新聞の求人広告を利用する場合には、相応の競争率を勝ち残る覚悟が必要になるということです。求職者にとってはこれが新聞の求人広告の問題点と言えるでしょう。

ここまで、求人情報誌と新聞について、求人広告の特徴と問題点を考えてきました。現在ではこれらと肩を並べる有力な情報収集チャンネルとして、インターネット（ウェブ）のいわゆる「求人サイト」があります。これは情報メディアであると同時に人材紹介サービスの一環でもあります。これについてはのちほど、活用法とともに紹介しましょう。

4　新聞の求人広告の傾向

【転職・再就職の際の情報源】*

〈転職・再就職経験者〉（複数回答）

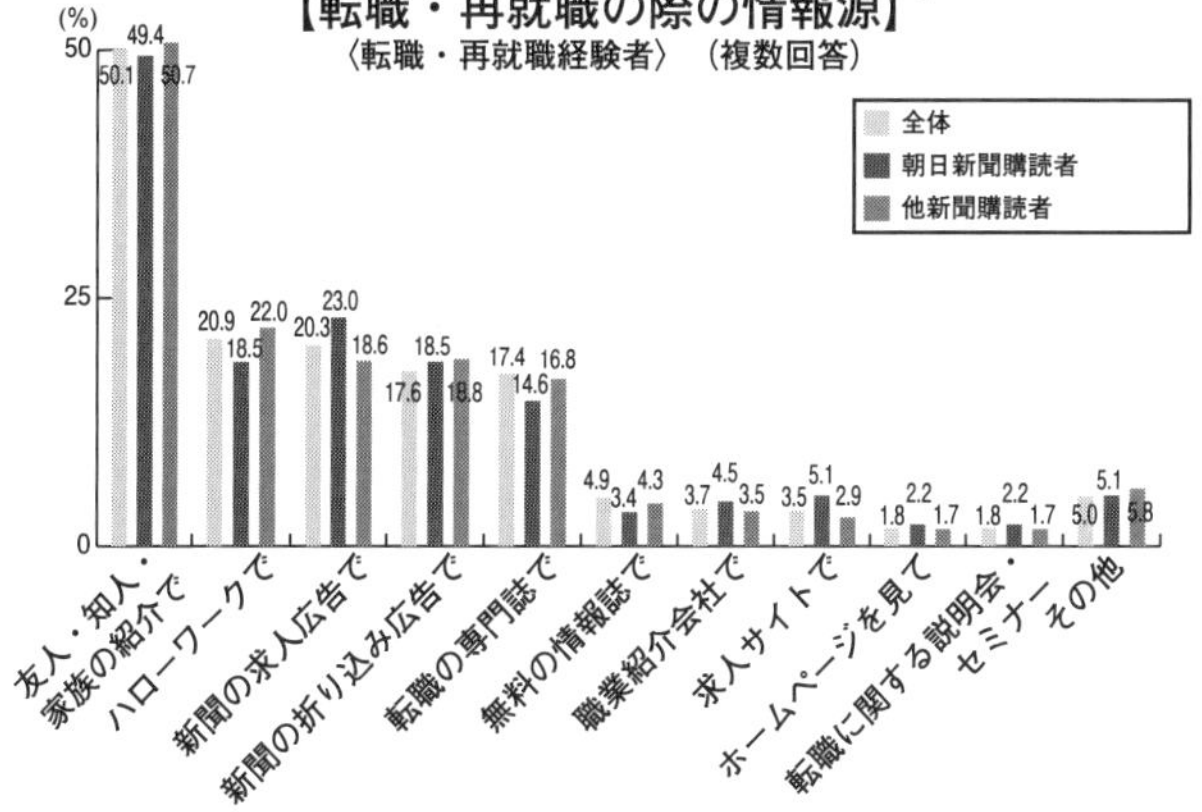

【主な日刊紙の発行部数】

（朝刊発行部数）

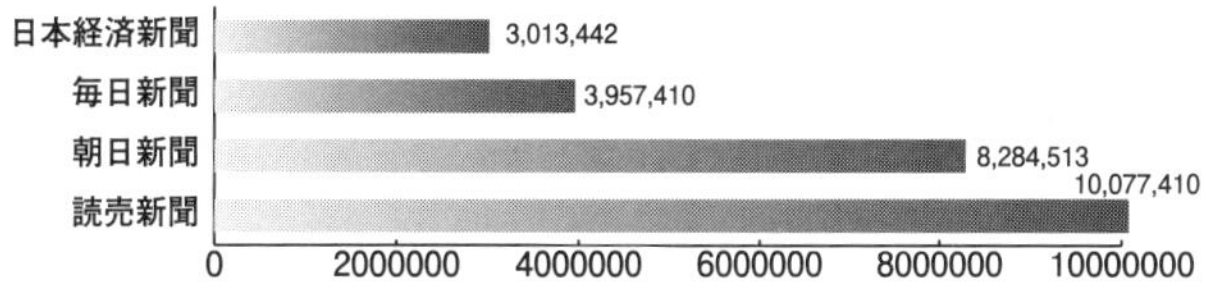

各社発表資料より。（2004年7月現在）

【広告件数内訳】*

※一つの求人募集広告内に複数の職種の募集がある場合は、それぞれ1件ずつ分類。

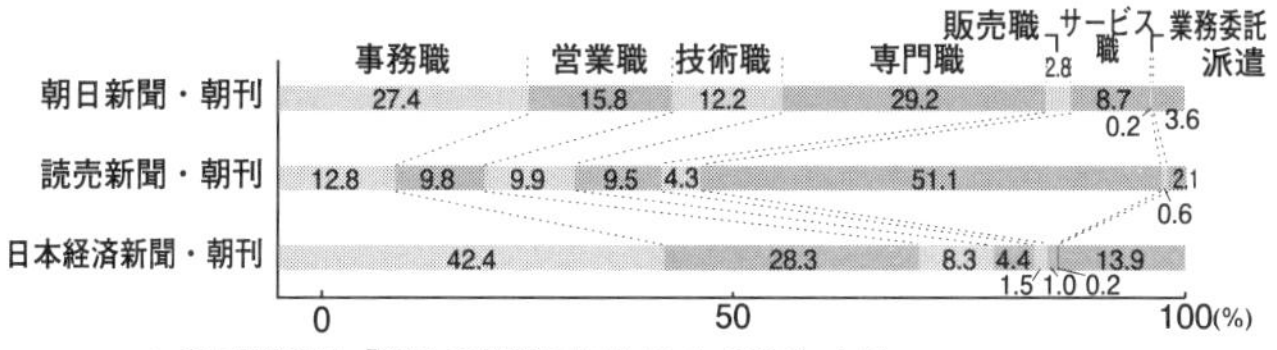

＊ 朝日新聞社「朝日の読者DATA Web 2004」より。

3

転職支援のための人材紹介サービスの実態

情報収集のチャンネルとしてはメディアの次にくるのは人材紹介サービスでしょう。公的機関のサービス、民間機関のサービスのそれぞれの特徴と問題点とを考えてみましょう。

■人材紹介サービスとは

企業からの求人情報を入手し、それを求職者に合理的に伝える仕組みには、前述の各種メディアのほかに、「人材紹介サービス」があります。「人材紹介」とは企業側の視点から見た用語ですが、実際には紹介してもらう人（求職者）がいて初めて成り立つサービスです。求職者の視点から言えば「求人情報提供サービス」ということになります。

営利目的でこの種のサービスを行っている会社は全国に数千社あるといわれ、全国的な組織になっている会社もあれば、地域的な情報ばかりを扱う会社もあります。また、求人側、求職側どちらからもサービスの対価を取らず、無償でサービスを行う公的機関もあります。公的機関の代表的なものが「ハローワーク」として知られる職業安定所（職安）です。

■ハローワークの特徴と問題点

次の転職先が決まらない状態で会社を辞めた人は、ほとんどの場合ハローワークに何度か足を運びます。失業保険の給付を受けるには、直接、定期的に出向かなければいけないからです。無償のサービス（もっとも税金で運営されているわけですが）であることと、失業したときには何度か通わざるを得ないこともあって、人材紹介サービスのなかでハローワークの知名度は抜群です。インターネットで「就職」や「転職」について調べるとき、「ハローワーク」というキーワードの利用される率が他のキーワードに比べて断然に多いことでもそれはわかります。

その人気を実感できるのは、何といっても実際にハローワークに出向いたときでしょう。まずそこに来ている人の多さに驚きます。その人たちのほとんどは、別に失業保険給付に関する手続きだけに来ているわけではありません。ハローワークに備えられている「求人ファイル」をチェックし、適切な求人があれば紹介してもらおうと思って来ているのです。求人ファイルは最近ではパソコンで検索できるようになっているのですが、ファイルやパソコンはたいてい「奪い合い」に近い状態になっています。時間さえ気にしなければ情報は手に入りますが、苦労してファイルを参照しても、条件に見合う求人はほとんどないのが実情です。ハローワークでは、企業から提出される求人票をもとに情報を整理して提示するという機械的な作業が行われています。ここでも、情報誌などの場合と同様に、やはり企業のオモテ向きの情報しかないわけです。

また、ハローワークには就職相談を受け付ける機能もあり、相談員（カウンセラー）がいつも求職者と話をしています。しかし、中高年の求職者にとっては、その相談もときに辛辣に感じられるといいます。なにしろ、職を探しに来たのに、開口一番「あなたの年齢では仕事はないですよ」と言われるのですから。

相談員の方も別に意地悪で言うわけではなく、求人状況を踏まえて客観的に話をしようとしているのでしょうが、実際には相談窓口でさらに自信を失ってしまう人も多いのです。ハローワークは公的に求人企業と求職者を結びつける貴重な機関ですが、必ずしも求職者の立場に立って支えになってくれるわけではありません。決められた仕事が淡々とこなされるのがハローワークに代表される公的な人材紹介サービスのよさであり、また限界でもあると思います。

図5にハローワークで求職する場合の流れの例を示します。

■その他の公的人材紹介サービス

公的な人材紹介サービスとしてはハローワークが最も広範囲で充実したサービスを行っていますが、そのほかにも求人情報を提供している公的な機関があります。簡単にあらましを紹介しましょう。

5　ハローワークを利用した転職の流れ

①求人情報の検索

▼

②詳細情報の参照

▼

③求人票を窓口に提出

▼

④紹介を受ける
（または自分で企業に問い合わせる）

▼

⑤ハローワークの担当者が求人の
有効／無効、選考基準などを確認

▼

⑥双方の質問／要望の聞き取り、
応募方法、面接日などの確認、設定

▼

⑦応募→面接

○人材銀行（厚生労働省の機関）

「人材銀行」は全国に二六カ所設置されており、管理職（課長職以上）、技術職（SE、機械・電気技術者、土木・建築技術者など）、専門職（薬剤師、翻訳・通訳、デザイナー、編集など）に限って職業紹介を行っています。

○独立行政法人　雇用・能力開発機構

雇用開発と職業能力開発を目的とし、企業と勤労者、転職希望者に向けてさまざまな情報提供や相談、セミナー、教育サービスを提供しています。「新規・成長分野企業等支援情報プラザ」や「E-会社さがしドットコム」（インターネットサイト）で求人情報を公開しています。

○財団法人　産業雇用安定センター

各都道府県に地方事務所を持つ同センターは、在職者の出向・移籍の専門機関です。人材の受け入れ企業、送り出し企業の双方から人材情報が登録され、人材情報の提供・紹介を企業向けに行うのが主な役割ですが、転職希望者についても職業相談や職業紹介を行っています。

このような公的機関による各種サービスは、求人情報の収集に関しては基本的に無償で受けられるのが特徴です。ただし、機関の性格上、ハローワークと同様に多数の利用者が殺到しがちなことと、求職者に対していわば機械的な対応が行われがちなことに注意が必要です。

6　求人関連情報収集に役立つ公的機関

○東京人材銀行
東京都千代田区有楽町 2-10-1 東京交通会館 11F
電話 03-3212-1996　http://www.tokyo-jingin.go.jp/

○独立行政法人　雇用・能力開発機構
神奈川県横浜市中区桜木町 1-1-8 日石横浜ビル
電話 045-683-1111（総務部）　http://www.ehdo.go.jp/

○財団法人　産業雇用安定センター
東京都台東区台東 2-27-3 NSK ビル 3F
電話 0570-006010　http://www.sangyokoyo.or.jp/

○中央職業能力開発協会
東京都文京区小石川 1-4-1 住友不動産後楽園ビル
電話 03-5800-3236　http://www.javada.or.jp/

○独立行政法人　高齢・障害者雇用支援機構
東京都港区海岸 1-11-1 ニューピア竹芝ノースタワー内
電話 03-5400-1600　http://www.jeed.or.jp/

○社団法人　全国求人情報協会
東京都千代田区富士見 2-6-9 雄山閣ビル 3F
電話 03-3288-0881　http://www.zenkyukyo.or.jp/

○社団法人　日本人材紹介事業協会
東京都港区虎ノ門 1-23-7 虎ノ門 23 森ビル 9F
電話 03-3593-3513　http://www.jesra.or.jp/

■民間人材紹介サービスの特徴

公的機関とは別に、営利事業として人材紹介サービスを行う会社が近頃非常に増えています。全国に数千とも言われる会社が乱立して、現在は熾烈《しれつ》な企業間競争が行われています。多くのサービス会社がそれぞれによい人材募集案件を奪い合っているのです。人を採用したい企業にとっては応募者が増えるのは好都合です。なぜなら、よい人材が応募してくることが増えるからです。しかし、応募者が急増すると、それをさばくための採用業務負担も重くなってきます。よい人材は欲しいけれど、一～二人の採用のために何百人もの応募者には対応しきれないと考える企業は、特に人事部要員の少ない中小企業に多いようです。

また、企業の人材採用の考え方の主軸は、企業業績が伸びているから採用する、というのではなく、今社内にいる人よりよい人が来たら採用する、という「入れ替え型」にシフトしています。したがって、求人誌などに積極的に応募記事を掲載して人事部をパンクさせることは望みません。民間の人材紹介サービス業者の業務は、企業から募集情報を得て、サービス業者に登録している求職者のなかで条件に照らし合わせて適切な人を紹介するものです。企業からの募集情報の登録、求職者の登録は、ほとんどの場合無償です。売り上げの大部分は、人材紹介の結果、就職が決まった場合に企業から受け取る紹介料です。紹介料は、就職者の年収に基づいて算出されます

（二五～三〇％）。

こうしたサービスを利用すれば、企業の側からすれば不特定多数の求職者に求人情報を伝えずに済み、サービス会社のほうである程度ふるいにかけられた人材だけを対象にすることができます。また人材紹介サービス業界の過当競争の現状から、費用のディスカウントにも応じてくれそうです。とりあえず募集の登録はしておき、よい人が紹介されたら面接し、これはと思う人材なら採用すればよいし、そうでなければ断ってもよいと、どっしり構えて採用活動を行う企業が増えています。

一方、求職者の側からすれば、登録しておきさえすれば、自分に適切な求人情報がサービス業者から飛び込んでくることになり、労力をかけずに応募先を決めることができます。またサービス業者のほうではよい人材を効果的に企業に紹介することが利益につながるわけですから、求職者へのサポートも公的機関に比べればきめ細かく行ってくれることが多いようです。

■よい求人情報はサービス業者のもとに

実は、現在ではこうした民間の人材紹介サービス業者が一番よい求人情報を所有していることが考えられます。事実、私のところにみえる相談者も、情報誌や新聞、ハローワークよりも民間の人材紹介サービスを利用した場合のほうが、多くの応募先を見つけておられます。逆に言えば、よい求人情報は、今や一般のメディアや公的機関よりも人材紹介サービスのほうへと流れている状況になっているようです。

■好条件の応募者に紹介が集中

しかし、人材紹介サービス会社の方に聞くと、「求職者の登録は増える一方だが、売れる人材は思った以上に少ないので苦しい」と言うのです。この言葉は民間人材紹介サービスの本質を言い得ています。つまり、「売れる商品は欲しいが、そうでない商品はいらない」ということです。

人材紹介サービスがやみくもに多くの求職者を企業に紹介して、企業のその人の評価が悪かった場合、別の業者に乗り換えられる危険が高くなります。したがって、人材紹介サービス業者の判断によって能力の高い人、条件のよい人だけに案件紹介が集中してしまいます。また、転職成功後の利益は就職者の年収を基準にして算出されるため、高収入が期待できる求職者によい求人が優先的に割り振られることになります。

高年齢であることは必ずしも決定的なマイナス評価になりませんが、就職先での年収が低いと判断されると、なかなか案件が回ってこないことになりがちです。条件あるいは実績に優れる人には持って来いですが、そうでない人にはやはり厳しいのがこのサービスです。

7　民間人材紹介サービスの仕組み

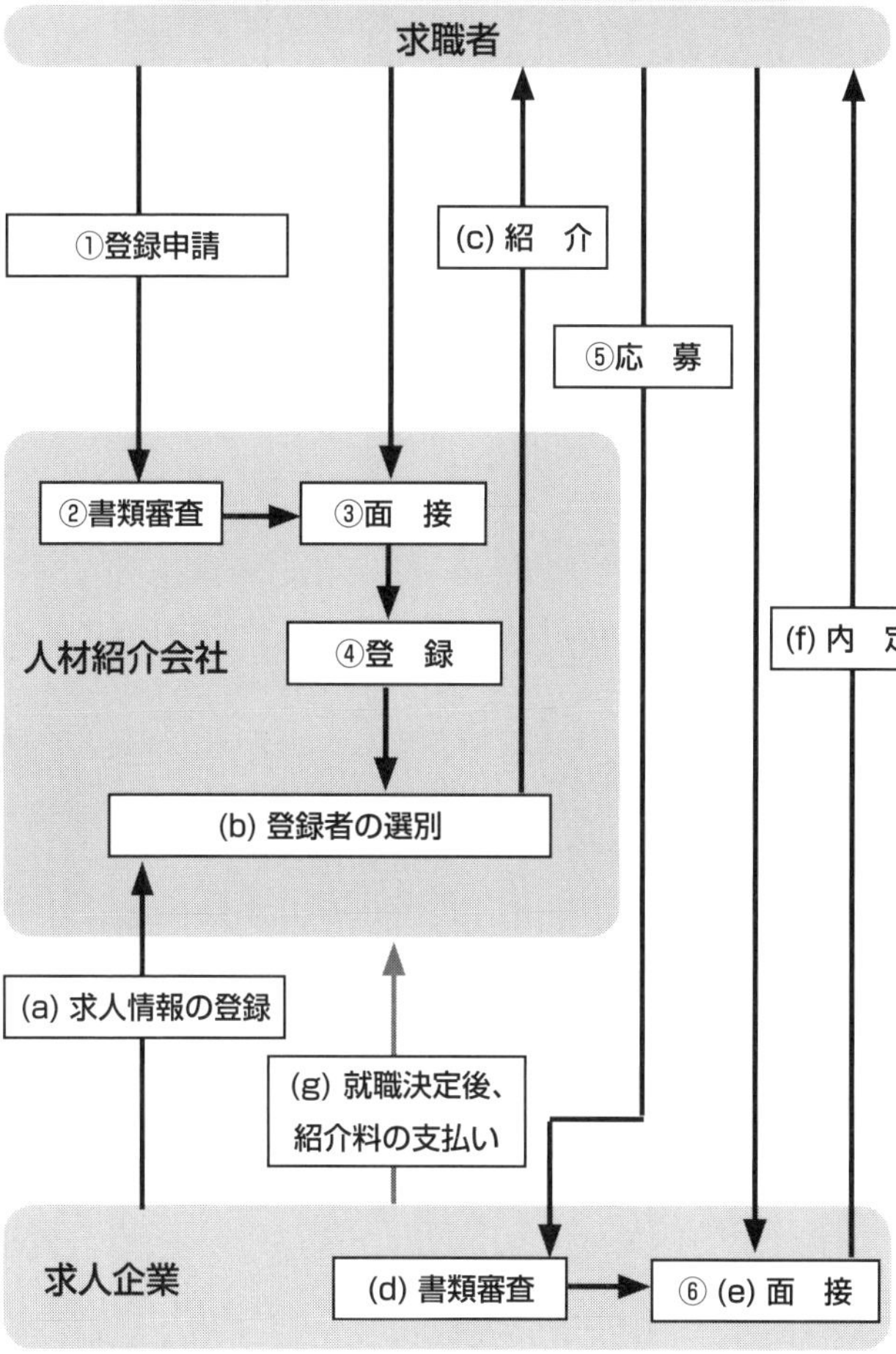

（注）人材紹介会社への求人情報の登録および求職者の登録はほとんどの場合、無料。

4 コーチングの利点と限界

最近注目を浴びている転職支援活動の一つに「コーチング」があります。コーチングは転職に際してどのように利用できるものなのでしょうか。

■転職にも有効と言われるコーチング

直接的な情報収集や応募先発見に結びつくわけではありませんが、求職者を取り巻くメディアやサービスの中で、今特に注目されているサービスの一つに「コーチング（Coaching）」があります。コーチングは、従来のコンサルティングやカウンセリング、教育などとは違った手法で行う能力開発のための方法で、さまざまな分野で活用されています。転職に関しても有効な方法と言われ、ときには求職者に対する福音であるかのように語られる場合もあるようです。コーチングは転職にどのように利用できるのでしょうか。他のサービスとは異質ですが、その利用の仕方を考えてみましょう。

■「解答は自分の中にある」

コーチングのCoachは馬車を意味し、人を目的地に運ぶことが原義なのだそうです。このニュアンスそのままに、コーチングは「解答は自分のなかにある」ことを前提に、対象者が自分のなかに潜在させている「目的地」（解決策）を、自発的に、納得できる形で顕在化させるように導くものです。

コーチングを行う「コーチ」は、対象者に何かアドバイスを与えたり、教えたりすることはありません。対象者の話を上手に聞き、適切な質問を繰り返して、対象者のなかに潜在している自分の価値や、特長、意欲などを引き出して、対象者が直面している問題に対してみずから答えを導けるようにしていくのです。心理学的な研究から生まれた独特の手法を取るコーチングは、徐々に知名度を高めており、主にビジネス関係での問題に悩む人、あるいは人材管理の一環として企業に利用されています。求職者へのコーチングもそのなかの一領域です。

何かの問題を抱えている人は、実はすでに解決のための材料を自分自身のなかに持っているが、それに気がつくことができない、あるいは問題を絞り込んで考える道筋を見つけられない状態にあるというのがコーチングの前提です。この状態は、多くの求職者に当てはまると思います。

私は相談者から「自分のやりたいことが見つからない」という言葉をたびたび聞かされます。

この言葉を私は、厳しい転職の現状に直面して一時的に自分を見失う状態に陥っていることを訴えているのだと解釈しています。実際にやりたいことが何もないわけではなく、「私はこれならやれる」とか、「今後はぜひこんな仕事がしたい」と明確に言い切れるだけの自信や意欲がないだけで、本当は漠然とした状態ではあっても自分の「適職」を内に秘めているのではないかと思っています。コーチングの方法も、同様の前提に立つものではないかと思います。

また、私の転職プログラムの最初のステップは、求職者の話をよく聞き出すことです。私はこれを欠かすことのできない重要なステップと考えています。特に、自信を喪失しがちな求職者に自分の価値を再認識してもらい、今後の職業生活に具体的なイメージを描いてもらうためには絶対に必要なことだと思っています。コーチングも、同様の目的で行われる場合が多いと思われます。手法にそれほど違いはありません。相談者の話を聞き、質問をより具体的な話になるように繰り返しながら、対象者に潜在しているものを徐々に顕在化していきます。

■コーチングの限界

しかし、コーチングという手法のみで実際の求職マーケットに立ち向かえるかというと、おそらく困難だと私は考えます。なぜならコーチングは、対象者が知らないことを教えるものではないからです。コーチはコーチ自身の見解を述べることも基本的には行いません。すべての考える材料は対象者のなかにあり、コーチはそれを引き出すことだけを役目としているからです。

しかし、ものを作るときに道具が必要なように、転職を実現するためにはその目的のために活用できる情報や方法論、あるいは具体的なテクニックが不可欠だと私は考えます。求職者、特に私のところに相談にみえるような転職に悩み抜いている方は、そうした転職のための「道具」を欠いているケースがしばしば見受けられます。というより、そうした「道具」を持たないからこそ、転職の壁の前で立ち止まらざるを得ないわけです。

私の仕事は、一面ではコーチング的な要素を含んでいるのかもしれません。しかし、私が最も重視しているのは、転職に際しての実践的なノウハウを伝えることなのです。私は相談者が知らないことを教え、私自身の見解を述べ、相談者に課題を与え、その実行を迫ります。ですから私はこの仕事を「転職支援」と呼び、コーチングやカウンセリングとは区別しているわけです。

とはいえ、転職に際しての最初の段階で、コーチングを利用して十分に自己分析を済ませ、新たな仕事に向けてのモチベーションを高めることは、たいへん有益であると考えられます。転職活動中や転職後も、コーチングは自分の価値を再確認し、自信と意欲を保ち続けるために有効でしょう。時間的、費用的に余裕がある場合には、コーチングをサービスメニューの一つにしている会社がたくさんあるので、利用してみるとよいのではないかと思います。

5 求職者本位の転職支援ビジネスとは

困難な状況に置かれている求職者に本当に役に立つ転職支援とは何か。この問いから始まった転職支援ビジネスの成り立ちを紹介しましょう。

■求職者の負担で運営する支援ビジネス

転職のためのメディアとサービスの実態を考えてきましたが、コーチングやプライベートな心理カウンセリングのようなサービスを除けば、民間企業の提供するメディアやサービスは、ビジネスモデルの成り立ちからして、求人企業に奉仕することで利益を上げる仕組みになっていることがわかりました。また公的機関が提供しているサービスは、よく言えば中立的ですが、悪く言えば企業の情報と求職者の情報とを右から左に流しているだけでした。求職を支援してくれるはずの仕組みは、実は求職者のニーズから遠くかけ離れているのが実像だったのです。

私が転職支援ビジネスを立ち上げたのは、本当に求職者本位に考えてくれる支援サービスが必要なのではないか、求職者の現状に立脚して支援することができなければ、転職に不利な条件を抱える中高年の求職者は日々の苦しさから逃れられないのではないかと考えたからです。

もちろん、単に善意からだけでスタートしたわけではありません。そこにビジネスチャンスがあると思ったから始めたのです。求職者本位の転職支援サービスを立ち上げるには相応の困難があり、継続していくにはさらに長期的な視点に立ったビジネス継続の仕組みが必要です。そこで私は、従来の支援サービスとは違ったビジネスモデルが必要だと考えたのです。そのビジネスモデルの根本は、企業からお金をもらわないことです。求職者が転職に成功された場合の成功報酬や「紹介料」のようなものも取りません。ビジネスの売り上げは、すべて求職者個人個人のプログラムの作成や実施に対する対価として、求職者からいただくお金です。現在は講演やセミナーも行っていますが、これは実利のためというより支援サービスの普及活動と考えています。

失業中で収入が途絶えてしまった求職者が、自分でお金を払ってまで支援を必要とするものかどうか、必ずしも明確な成算があって始めたビジネスではありません。しかし、これまでの実績を見る限り、この転職支援ビジネスは経営的な視点から見ても継続するに十分な売り上げを上げ、お客さまである求職者の方々からも、身に余るほどの評価をいただいています。及ばずながら、求職者の「幸せづくり」に貢献できたのではないかと思うと私自身も幸せを感じます。

求職者からのお金で運営する求職者本位の支援サービスという新しいビジネスモデルは、今のところ大きくはなくとも着実に成功を収めていると言うことができます。

■自信を失い「行動できない」転職希望者たち

図8に、私のウェブサイト開設の約半年後にサイトを訪れた方（相談者ではない）に対して一斉に行ったアンケート調査の結果を掲げます。回答者の年齢層は四〇代が中心で、三〇代、五〇代の人がそれに続いています。注目すべきは質問5の転職活動の状況についての回答です。実に八一％の人が「かなり困難」あるいは「極めて困難」と回答されています。

困難と考える原因は何かと相談者の方々に実際に接して調べてみると、「行動した結果うまくいかなかった」ということより、うまくいかなかった経験が重なることにより、これからの「行動を考えることができない」ことに求められることが多いようです。なぜ行動ができないのかと問えば、「求人がない」、「書類審査を通過できない」、「面接で必ず失敗する」など、いろいろな答えが返ってきますが、根本の原因は、自分に対する自信を失っていることだと思います。

努力を続けているにもかかわらず、ネガティブな結果しか得られない場合、先が見えなくなってしまうのが人間です。絶望感に支配されると自信を喪失し、その原因となった行動から無意識に逃げようとしてしまいます。結果として「行動できない」状態に陥り、ますますネガティブな思考に傾いてしまうわけです。この循環を断ち切るには、強い意志を持って思考モードを転換していくことが必要です。しかし、ただ孤軍奮闘しているだけで、ネガティブな循環が断ち切れる

8 「中高年の転職」サイト利用者へのアンケート

2003年6月調査。

■質問1：在住地域はどちらですか？
＝回答人数137人

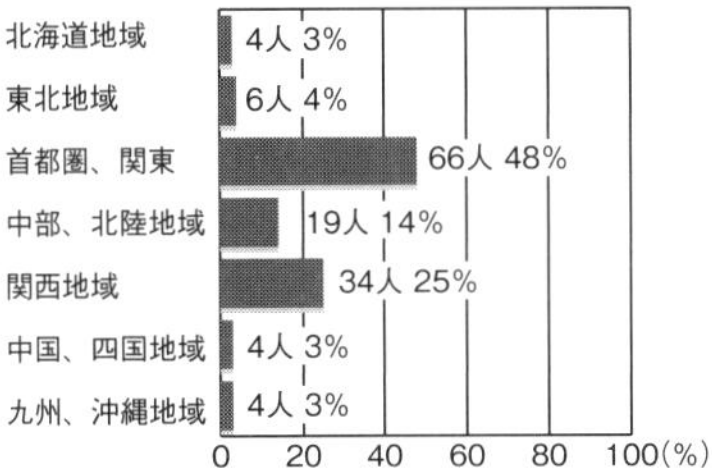

■質問2：年齢はおいくつですか？
＝回答人数126人

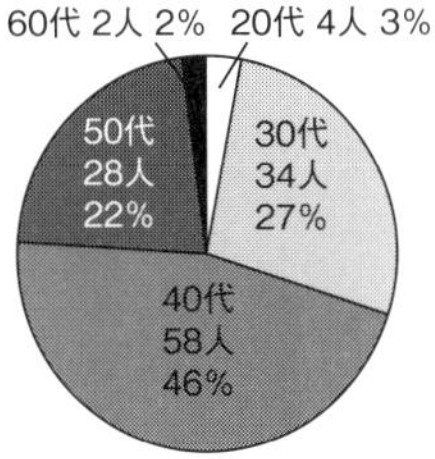

■質問3：性別を教えてください。
＝回答人数119人

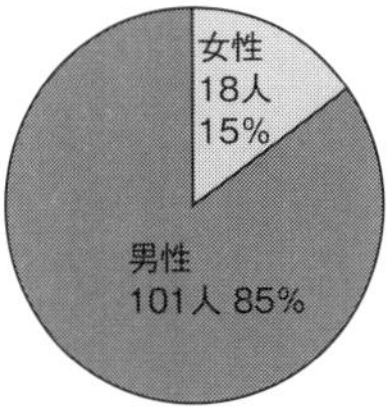

■質問4：現在、転職活動中ですか？＝回答人数122人

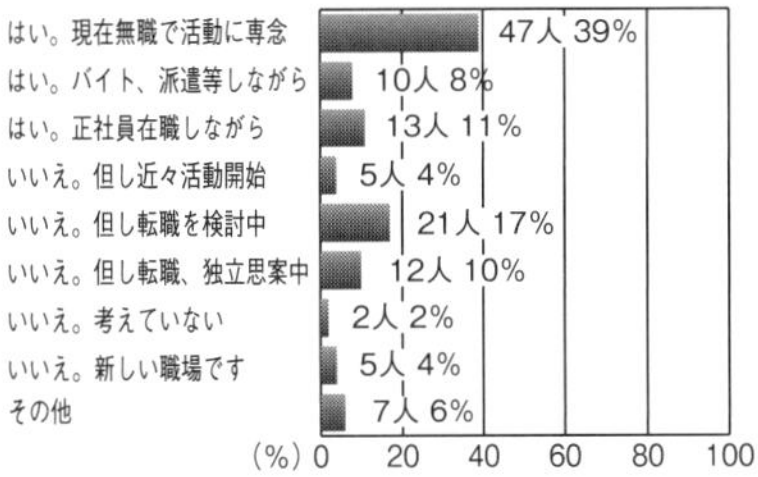

■質問5：転職活動中の方に。
状況はいかがですか？＝回答人数87人

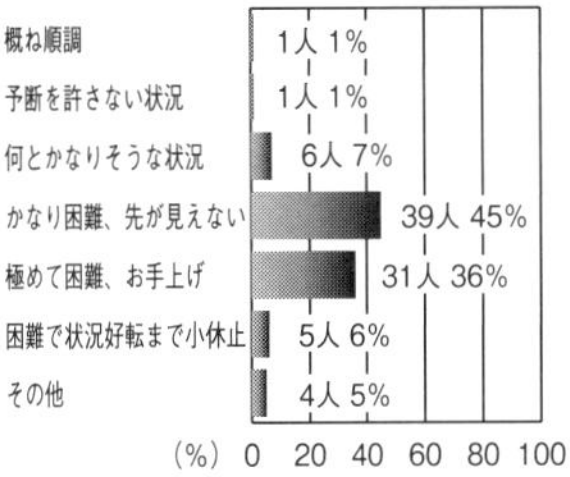

■質問6：在職中の方に。転職に興味を抱いたのはなぜ？＝回答人数66人

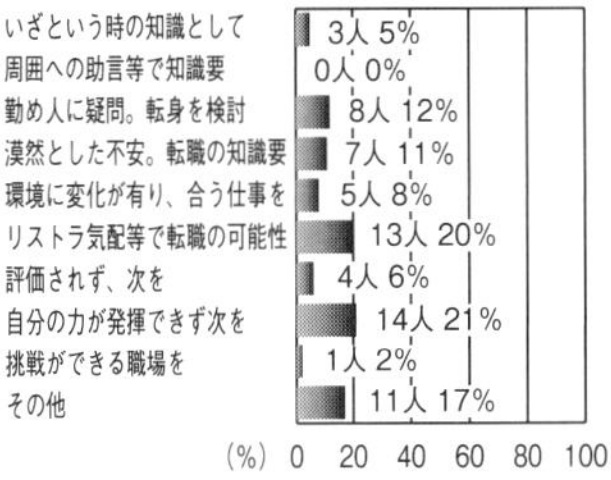

ものでしょうか。それは苦しく、困難な道に違いありません。その困難な道をガイドし、道を開くための技術を伝え、最後のゴールまで伴走を続けるのが私のやり方です。

■行動を促し見守る求職支援サービス

私の転職支援は、まず「行動」ありきです。「行動できない」という人に対して、私は達成できそうな課題を課します。例えば「一週間で二〇社応募しましょう」と。これを行うには、まず求人情報誌や人材紹介サービスなどのあらゆる求人情報を収集して適切な応募先を選ぶことが必要になり、応募先が選べたら今度は応募書類の作成を行わなくてはなりません。応募書類の作成にはコツがあり、実は書類作成の前と作成過程で求職者は自分の過去の実績を再確認し、それを踏まえて何ができるのか、何を求めているのかを、詳細にチェックするプロセスがあります。そのプロセスを経て、ネガティブな現状認識をポジティブな未来志向へと改め、その結果を書類に反映させる具体的なテクニックがあるのです。

私との間でこの課題の達成を約束した相談者は、悩んでいる暇がなくなります。具体的な情報収集と応募先発見に追われるとともに、応募書類を作成するための自己チェックと今後の職業生活のイメージを作ること、そして実際の書類作成作業に毎日を過ごすことになります。私は定期的に相談者の活動の進捗状況を電話などでチェックし、遅れていれば、その挽回の仕方を具体的に指示します。別に叱りつけるようなことはしませんが、自分の行動が見守られているという事実が確認できるだけでも、孤独感から解放される気持ちになる人が多いようです。

そして、応募書類が通ったら今度は面接のための具体的な備えに入ることになり、内定決定後は、場合によってはより有利な条件になるような交渉をすることまで、相談者は私のチェックを受けながら活動を進めていくことになります。

このような活動の進め方は、最初に相談者個別にプログラムとして作成します。プログラムには曖昧なところや数値化できない情報はできるだけ入れず、おおまかでもよいから客観的に進捗管理が可能なものにします。そのプログラムに基づき、個別に「課題」を課すのですが、その課題は場合によって「人材紹介会社二〇社に登録しましょう」であったり、「縁故者との相談をしてみましょう」であったり、個別の相談者の状況に即した具体的な内容になります。

相談者にあとで聞いてみると、私との約束を破りたくない、電話のときに進捗がはかばかしくないことを言いたくないという意識が、無理矢理にでも行動をする原動力になったという方が非常に多いのです。一人で悩んでいる孤独感や焦燥感、不安から、現実逃避に走りがちな求職者に行動を半ば強制的に促すことが、結果的に成功に結びついていることは、これまでの実績から見て明らかだと言えるでしょう。私はこうした支援の仕方こそが、求職者本位のサービスだと思っています。

■新しい転職支援ビジネスモデルの発想の源は

この新しい転職支援ビジネスモデルの発想は、もとをただせば私が二十数年前に学習塾で行っていた教育経験が下敷きになっています。少しそのお話をしましょう。

私が大学を出て初めてサラリーマンとして勤めたのは建築会社でしたが、その会社では多角経営の一環として学習塾とカルチャーセンターを経営していました。私はその講師として採用されたのです。その当時から、塾の教材は一定の分量の学習を毎日行えるように構成されたものが使われていました。私が働いていた塾で使っていたのは、それをワープロ（当時はパソコンは普及していません）のソフトに置き換えた電子教材でした。最初はこの機材数十台を教室に置き、生徒がそれを使って学習を進める方式になっていましたが、これでは生徒数が確保できませんでした。そこで生徒の自宅に機材をレンタルし、自宅学習をさせるサービスへと転換が図られました。これは大きなコスト効果があり、ほかの塾で普通に行う授業の場合の六分の一ほどの月謝でのサービス提供が可能になったのです。そのためこれは大きな反響を呼び、コストの壁のために塾入学をためらっている「入塾予備軍」を顧客として取り込むことができました。

私はこのサービスの一環として、定期的に生徒の学習の進捗を確かめる業務に就いていました。これは、週一回利用者宅に電話をして、進捗状況を子供に直接確認するというものでした。この学習方法は、当時目に見えて効果を上げたものです。子供は、学習の習慣さえついていれば、毎日一定量の学習をすることがわかりました。その習慣を続けていくことで、実際の成績の向上につながっていたのです。私の役割は、子供が自分で学習の習慣をつけていくための、いわば支援活動になっていました。

やがて私は、「この学習法には教材は関係ないんじゃないか」と思い始めました。実際に、レンタルした機材に特別なメリットはなかったのです。セオリー化されて体系づけられ、進捗を管理できる仕組みさえあれば、教材は何でもよいことに気づきました。それは必ずしも塾のために作られた教材である必要もなく、ステップ化されてテキストの目次に日付を書き込めるようになってさえいれば、市販の教材で十分だったのです。実際には、進捗を確認するのための私の電話が、子供たちのモチベーションを向上させ、日々の学習習慣の育成に役立っていたことが成果につながっていたのだということを、この塾では実感しました。

■失業、転職、独立まで

この会社には一一年間勤務し、最終的には責任者の立場になって、リストラの風の吹くなか、社員に退職勧告をしたこともありました。この会社を辞めたあと、半年間の失業期間を経て、全日制専門校を主体とする企業に転職しました。この会社では、学生の進路指導の責任者として活動してきました。新設校を立て続けに設立していた時代だったので、私は企業をひたすら回り、求人票を取ってくる仕事を続けていました。専門校ですから、就職率は会社の営業上、ハイレベルを維持できなければなりません。一〇〇%に近い就職率実現のために私は東奔西走し、結果としては九八%以上の就職率をコンスタントにマークすることができました。それは一九九〇年代の初め、短大卒の内定率が三〇%、大学卒でも六〇%と言われる「就職氷河期」でした。そのなかでこの高い就職率が維持できたことは私の大きな自信になっています。

また、この会社には社会人事業部もあり、当時全国の八〇拠点に教室を展開してさまざまな社会人の資格講座を運営していました。三〇歳くらいの人を中心に多くの受講者を獲得していたこれら講座のなかの、コンピュータ関係をはじめとする各種資格取得のための講座に、中高年の受講者が年々かなりの勢いで増えていることがわかりました。その主な目的は、転職のための能力開発だったのです。私は、受講者へのサービスの一環という位置づけで、受講者への転職総合指導も命ぜられ、一般、および中高齢者の転職への指導事業と初めてかかわることになりました。この転職指導は、この会社が別法人の形で事業展開している人材派遣会社や人材紹介会社との連携で行っていました。この仕事を通して、私は企業求人・人事部の本音や人材紹介サービスの裏側、求人情報メディアの実像、職安の実態などを知ることができたのです。

私はこの会社での役割を十分に楽しみ、実業務に携わることが喜びになっていました。しかし、勤め始めてからおよそ一〇年が経ち、会社からより管理的な職種に就くことを求められるようになると、それまでの自由なビジネスのやり方ができなくなりそうな気配を感じるようになりました。また以前から四〇歳までには独立したいと思っていたこともあって、この会社を退職し、すべて自己責任で決済することができる立場になることを決心したのです。

私には、この時点までに転職にまつわるさまざまなノウハウが蓄積されていました。一般および中高齢者の就職／転職に関するノウハウがあり、また塾講師のときに気づき、のちの仕事でも活用できた進捗確認を中心にしたモチベーション強化のノウハウもありました。さらに私自身の離職、失業経験、転職経験を通して求職者の心理が理解できる点も強みになるはずです。これらのノウハウや経験を活用して新しい人事コンサルティングの仕事ができないものかと勉強を始め、ゼロから始めた事業が、現在のビジネスに至っています。

平成一四年一〇月、ウェブページの「中高年の転職」を立ち上げて以降、私が行っていることは、本質的には新入社員時代の塾での仕事と何ら変わりません。違っているのは「市販の教材」などというものが一切なく、それを私が相談者一人ひとりの状況に応じて「プログラム」の形で作成していることです。また最終目標は対象者の能力向上ではなく、転職の成功です。まったく違った状況にある求職者一人ひとりに即したやり方でセオリーに基づく計画を立て、実行を見守ること。それが過去のキャリアをもとに導き出した私の転職支援法です。

6

転職成功者の行動を指導に組み込む

転職成功者の行動を蓄積して分析し、それを誰にでも使える形にしたものが、転職支援の「ノウハウ」です。その成り立ちの一例を紹介します。

■転職支援サービスの実際

このような経緯でスタートした私の転職支援サービスは、幸いにも多くの求職者が支持してくださいました。今のところほぼ全員が希望どおりの転職を果たされているという事実に私も胸をなでおろしながら、サービスを始めてよかったとしみじみ思います。このサービスの成功には、仮説の設定と実際の事例検証の繰り返しが大きく寄与しています。「こうしたらよいのではないか」というアイデアを実際に行動に移してもらい、その結果のフィードバックによってさらに成功確率の高い転職活動に結びつけるということを、何度も繰り返してきたのです。それは具体的な転職の成功パターンの蓄積になり、それを他の相談者に実行してもらうことにより、より確実性の高い転職活動が行えるようになってきたと思うのです。

■こんな行動が転職を成功に導いた

とはいえ、私の転職支援の細目全部が、私が「仮説」として考えていたものの発展とは言えません。多くの相談者の方が、私が思ってもみなかった行動を取って転職を成功されておられます。その結果を受けて、私の転職支援の項目は常に変化、増強を続けています。そんな行動の特徴は何かを考え、他の人が使える方法としてまとめ上げたものが私の転職支援のノウハウであり、それがこの本でより多くの方にノウハウを知っていただきたいと考えるゆえんでもあります。

成功した行動の例を二つ紹介しましょう。他のサービスとはまったく違う私の転職支援の現場の雰囲気を感じ取っていただければ幸いです。

○先月の求人誌の広告に応募したAさんの成功

「本当に無茶苦茶だな、あんた！」と血相を変えて私のアシスタントのT君に食ってかかっていたのがAさんです。何事かと私がそばに行って理由を尋ねると、Aさんは言いました。「週に一五社応募する計画を確かに私は作った。それを守れと言うのはわかりますが、求人がないのにどうやって出すんですか？　できないものをやれって言うのは無茶でしょ。出したいけど出せないんだから、どうしようもないでしょ！」

Aさんは、中規模メーカーの生産管理を担当する管理職でしたが、一年前に会社が倒産。約半年間転職活動をしましたが就職できず、私たちと出会うことになりました。T君はAさんの支援を担当していましたが、Aさんと一緒に立てた「一週間に一五社に応募書類を送付する」という計画を守る守れないで口論となっていたのです。その場を取り繕ってとりあえずAさんにお引き取りを願い、T君に理由を尋ねました。T君は今度は私に対して怒っています。「確か佐々木さんは絶対計画は守らせよ、と言ったじゃないですか。職安も求人誌も新聞もネットも全部見ても今週はAさんの年齢で応募できる案件がないんですよ。第二、第三希望まで広げても今週は無理ですよ。だから仕方なく一カ月前の求人誌を渡して、駄目もとでも一五社応募をクリアしようとしたんですよ。そしたらAさんが……」激怒したというのです。

確かに私は職員にはどんなことをしてでも応募数は下げるな、絶対に計画はクリアさせよ、と繰り返し指示していました。応募数が減れば面接数も減り、内定の可能性がどんどん下がります。でも、苦しまぎれに一カ月前の求人誌とは恐れ入りました。しかし、T君は私の指示を忠実に守っただけだったのです。「わかったわかった。ただし、次からはもう少しじっくり話をして、納得してもらえるように頼むよ」。私はT君にそれだけを注意しました。

どうなることかと成り行きを心配していましたが、その一週間後、Aさんは事務所にやってくるなり、T君と笑顔で握手を始めました。私がそばに行くとAさんは満面の笑顔でこう言うのです。「いやね、T君のおかげで面接が六社も入ってね、今までにこんなの初めてでね」

聞くと、一週間前、帰宅したAさんは半ばやけくそで一カ月前の求人誌に載っているめぼしい求人先にすべて応募書類を送ったそうです。ところが送った先二〇社のうち、なんと六社から面接したいと連絡があったそうです。しかもこんなに早く連絡が来たのも初めてだそうで、本当に驚いたそうです。今まで、週に一五社応募して一社か二社面接できればよいほうで、しかも連絡が来るまでに一カ月くらいかかっていました。

「来週は面接で予定がいっぱいです」

Aさんは嬉しそうにしながら、面接の作戦を相談するため、T君と応接室に向かいました。そしてその後、Aさんのところには六社のうち三社から内定が出て、そのうちの一社に就職することができました。それは応募から約一カ月後のことでした。

あとで聞くと、面接できた六社はちょうど一次選考が終わった段階で、二次選考に残った人にあまり期待できないという状態だったらしいということです。また、採用予定人員の欠員補充だけのために再び経費をかけて求人広告を出すことを迷っていたふしもあります。そこにタイミングよく、一カ月遅れの応募者が来て、それならすぐに面接してしまおうと、採用担当者が考えたようです。本当にタイミングのよさが成功につながったわけですが、Aさんはこれは偶然ではないようだと感じたと言います。

この事例のように、常識的にはあり得ないような応募の仕方をして成功したケースは、もちろんシチュエーションはさまざまですが、Aさん以外にもいくつかあります。これは「条件破壊応募」として私の指導のなかの重要なポイントになっています。この事例を経験したあと、私は、応募についての望ましい行動として、次の項目を指導内容に付け加えたのです。

・一カ月、二カ月前の求人情報（求人誌、新聞などあらゆるもの）は必ず保管すること。

・現在の求人情報と並行して一カ月、二カ月前の求人情報にも継続して応募していくこと。

・一カ月前の求人情報については、非常識という印象を与えないためにもできるだけ応募の前にその旨電話するとよい。ただし「応募は可能か？」と聞くと「終わった」という答えになってしまうので「書類をお送りするので、まずは見てほしい、御社にどうしても入りたい」と言い、あくまで勝手に送る上での「送付のお知らせ」という構えにするのがよい。

この三項目を加えた指導により、実際に不採用続きの相談者の多くが面接までこぎつけることができました。もっとも単に魅力の乏しい他の応募者と同じ書類を送るのではなく、履歴書、職務経歴書と一緒に魅力的な自己ＰＲ文を添付する指導も同時に行っています。タイミングを考えた応募と魅力ある書類との相乗効果がここにあると思っています。

○「戦友」の内定を自分のものにしたBさん

私の事務所には、たくさんの相談者が繰り返し訪れます。なかにはたまたま事務所で顔を合わせているうちに、相談者同士で仲よくなる方々もいらっしゃいます。四〇代半ばのBさんと、同年代のCさんも事務所で知り合い仲よく話をするようになりました。希望職種が近い二人は、「俺たちは戦友だな」と言って親しくしていました。

メーカーの営業管理職の経験者だったCさんは、求職活動歴が六カ月。私のところに来てしばらくすると、内定が出始めました。全部で三社から内定をもらったCさんは、どこに入社すべきか迷っていました。明日、各社に入社の意思の有無を伝えなければならないという時期になって、Cさんは悩んだ末にM社への入社を決めました。その報告を聞いている最中に、資料室からBさんが出てきました。Bさんは金融関連の営業系管理職で求職活動歴は四カ月。Cさんの話を聞いて、Bさんも心から喜んでくれました。

それから一〇日後のことです。Bさんから私に電話がありました。「内定が出た」というのです。私も喜んで、「よかったですね。で、どの会社ですか？」と聞いたら、K社だと言います。これはBさんの応募先リストにはなかった企業名です。それでよく聞いてみると、Bさんは言いました。「すいません。言ってなかったですよね。実はCさんが内定を蹴った会社です」

それでやっと思い出しました。K社はCさんが迷った揚げ句に入社を断った企業だったのです。どういうわけなのか聞いてみると、ちょうど一〇日前のCさんが入社先を決めた日、一緒に帰った道すがら、Cさんは公衆電話からK社に内定辞退の電話をしたそうです。するとK社の人事部長がそれは困る、と少々ごねたということです。それを聞いたBさんは、すぐにK社に電話をして受験したいと言ったそうです。

「募集はすでに終了しています」というK社の担当者に、Bさんは「でも、さっき内定辞退があって欠員が出ましたよね？」と食い下がりました。驚いているK社の担当者に人事部長に代わってもらい、事情を説明して何とか書類だけでも送らせてくれと頼み込んだのです。

K社の部長が「わかりました。一応見ますから郵送してください」と言うと、Bさんは「では今近くにいますので、これから伺います」と言って、その四〇分後にはK社で人事部長じきじきの面接を、半ば強引に成功させたのです。もちろん、この面接は成功しました。

これはBさんとCさんの志望する領域がほとんど同じで、二人が同時に求職活動をしていたからこその成功事例です。私がこの事例が教えてくれたことを指導内容に組み込む前に、実は別の仲のよい求職者が同じようにして成功した例もありました。こちらの場合は、一方が内定辞退を当の企業に伝える際に、もう一人のほうを先方にきちんと紹介し、ぜひ会ってみてほしいと説得したというところだけが違います。

ちょっと裏事情を解説しますと、会社としては内定辞退が出ても不採用者を順次内定に切り替えていくわけにもなかなかいかず、結局欠員が補充できない状況になることが多いのです。要員計画が未達成の場合、時には会社業務の重大な停滞が発生することがあり、欠員が出た瞬間、具体的な対策を求められます。したがって、もし誰かの紹介などでその欠員が補充できそうなら、採否は別にして人事担当者はまずは会ってみたいと考える状況になります。もっともその際の合否の判断基準は通常と同じく厳しいものですが、状況が状況なだけに、まずはこの際採用してみよう、といった判断に傾く状況が見受けられるケースもあるのです。

このような事例を通して、私は指導のなかにまた次の項目を付け加えました。

・希望職種、通勤エリアなど、条件の似ている人をペアにして、親しくなってもらうための機会を設ける（学生時代の体育会系にあった仕組みにちなんで対番制度と呼んでいました）。

・内定辞退が発生したら必ず紹介、問い合わせをして早急な面接をお願いしてみる。

これは指導そのものというより、私のほうでなるべく相談者が仲よくなれるようにセッティングしたり、仲間同士のコミュニケーションの仲立ちをしたりするという形で実行していきます。仲間が増えることによって共有する情報量が増えてくれれば、求人が極端に少ない時期にも順調に内定を獲得していくことができるはずです。私も今後さらに重視していきたい方法ですが、ハローワークであれ人材紹介会社であれ、同様の仲間関係は作れるはずだと思います。

このような数々の事例を積み重ねることにより、私の考えていた転職のテクニックはだんだん充実してきました。また「仮説」として試していた方法が、実地の検証が重ねられるにつれ、間違いのない方法として堂々と紹介できるものになったり、一部を修正して磨き上げていったりしながら、多くの人が使える「道具」としての転職テクニックとなってきたのです。

7

転職支援の具体的イメージ

実際の転職支援サービスは、採用までのプロセスに従って、具体的な行動をともなう指導が行われます。ここではそのイメージを紹介します。

私の行っている転職支援サービスの具体的イメージを紹介していきましょう。図に、採用までのステップと、そのステップに対応する「課題」、および「ノウハウ」の対応を示します。

「採用までのプロセス」には、大きく四つの段階があります。この段階のそれぞれに「課題」があり、その課題をクリアするための「ノウハウ」が用意されていることに注意してください。採用のプロセスは、どれか一段階だけが成功すればよいというものではありません。このプロセスすべてを完全にクリアしていくための具体的な、誰にでも使える方法を提供し、最終的な「希望どおりの転職」を果たすことが転職支援の目的です。ここでは個々の具体的な内容には触れず、プロセスに限って紹介しましょう。

○「応募」のプロセス

まず、「応募する」プロセスについて見てみましょう。ここでの課題は「応募先がない」こと

9　転職のプロセスとノウハウ

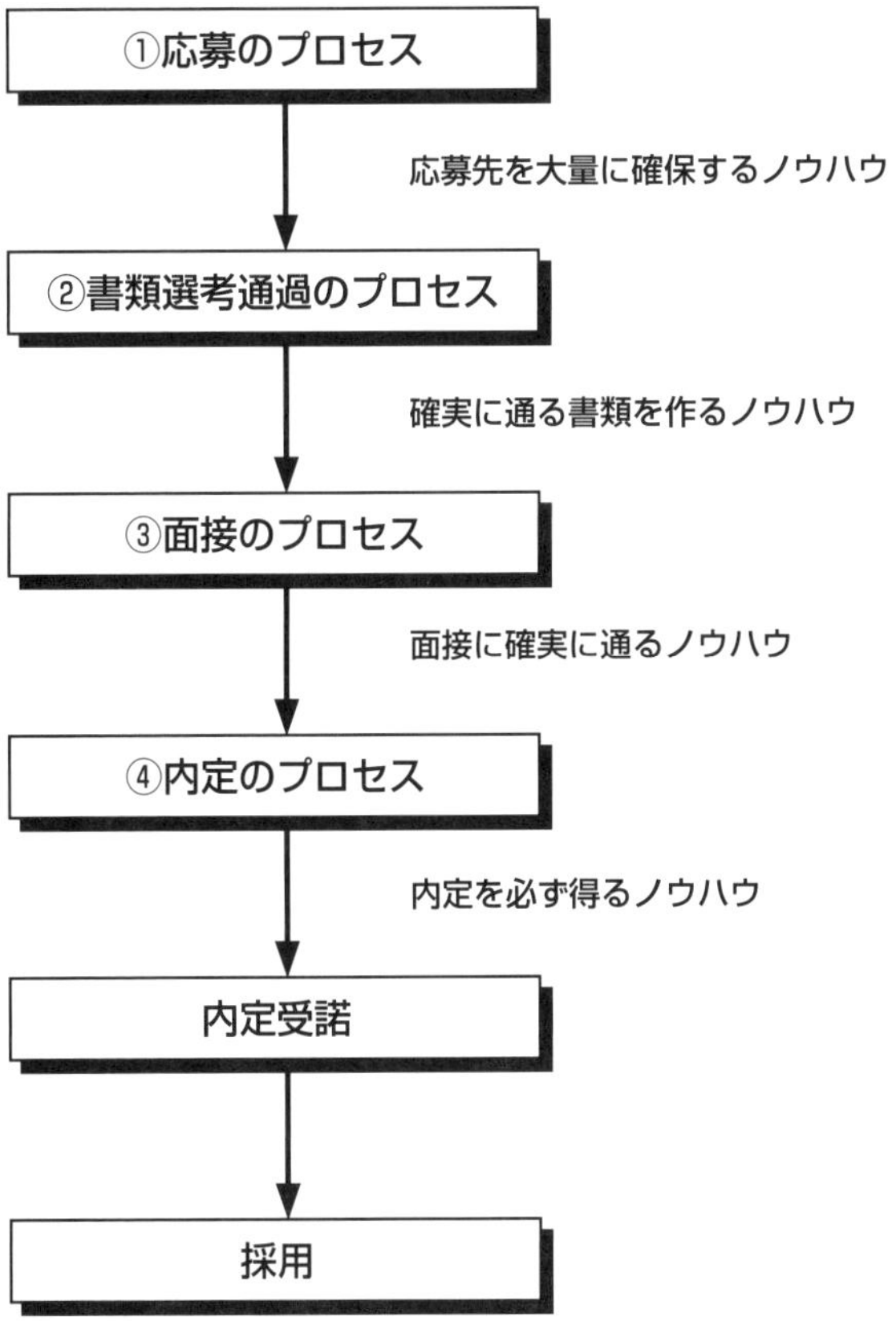

*ポイント：どれか一つでも問題があれば採用されない。

です。応募先がないというのは、情報誌や新聞、人材紹介サービスなどで入手できる求人情報のうち、自分の条件に見合う案件が見当たらないという意味です。これについては「応募先を大量に確保するノウハウ」が役立ちます。転職成功者の方々は、一週間に数十の応募をされたケースが多いのです。これは膨大な情報のなかからノウハウに基づいた情報抽出を行い、採用の可能性の高い求人情報を大量に獲得したからこそ可能になった行動です。その方法を紹介します。

○「書類選考通過」のプロセス

次が応募書類を企業に送り、それを合格させて面接選考に進むためのプロセスです。これには「確実に通る書類を作るノウハウ」が活用できます。これは、巷に多く流布している「履歴書の書き方」の類とはまったく違うものです。もちろん書式が整っていないだけで審査してもらえないのでは無駄ですから、書式の整え方も大事な要素ですが、それ以上に私の支援プログラムでは「自己PR」を重視し、「自己PR文」を作成して応募書類に添付することを必ず実施してもらいます。これは企業の応募書類として指定されることはまれですが、指定されていなくても送りつけるのです。これは事実として非常に大きな効果があります。また、書類を作る過程で、実は相談者のこれまでの経歴や実績を明らかにし、自分を見つめ直し、今後の仕事のイメージを作る一種のトレーニングが行われることになります。書類作成に関する指導は、主に自己PR文の作成の実践的な方法を学ぶこと、そして作り上げることに重点を置いています。

○「面接」のプロセス

書類選考が通ったあと、必ず何度かの面接による選考があります。これには「面接に通るノウハウ」が活用できます。面接のときの礼儀作法や好ましい受け答えの仕方に関する解説本や講座などはたくさんありますが、私の転職支援の場合は「内定を取るための面接法」と言ってよいと思います。とにかく、内定を取ることが先決だと考え、条件はともかく全部丸のみにしても内定を取るテクニックを紹介します。また、面接は自分がどれだけ相手企業に貢献できるかをアピールできる貴重な機会でもあります。その機会を利用して、相手企業が本当に求めているのは何かを聞き出すことをお奨めしています。それを聞き出すことができたら、あとで「企画書」を作成して提出するなどして、次の面接機会を作ってもらうことが可能になります。このような面接指導を行う人材紹介の機関はほかにはないはずです。その詳しいテクニックを紹介します。

○「内定受諾」のプロセス

内定さえもらってしまえばそれでおしまい、とはしないのが私の転職支援の特徴です。内定はほとんどの場合、複数の会社から同時期にもらえます。そのなかから適切なものを選び、他を辞退するときの考え方、あるいは内定後の条件面をよりよくするための交渉の仕方などを、このプロセスに関して指導しています。これは「希望条件獲得のためのノウハウ」と呼んでいます。

■プロセスのすべてに通らなければ成功しない

転職のプロセスは連続していて、「書類だけは自信がある」人も「面接だけなら負けない」人も選考を通ることはできません。すべてのプロセスをクリアする人だけが転職に成功することができます。考えてみれば当然すぎることなのですが、意外にプロセス全体を視野に入れて転職活動のスケジュールを組む人は少ない、というよりほとんどいないようです。

何がどうなるのかわからない、流動的な状況のなかで活動スケジュールなんて立てようがないじゃないか、という声が聞こえてきそうです。しかし「スケジュール」は必ずしも「何月何日に○○をする」といった時間割ではありません。ある目的を達成するためには期限を区切るのが普通です。「納期のない仕事は仕事じゃない」という言い方がされることがありますが、これは転職にもそのまま当てはまる言葉です。期限が限られないと、人は往々にして行動をしないのです。また、現在やっていることが全体のプロセスのなかでどの位置づけにあるのか、この次に行うべきことは何かが目に見えていないと、常に行動に確信が持てず、行動が鈍りがちです。

スケジューリングは、実際にはそのとおりにいかないにしても、行動の順番やそのときそのときの目標の達成度を把握して、着実に活動を前に進めるためには不可欠と言えるでしょう。

■転職のプロセスも「管理」が大切

私の転職支援の場合には、上述した転職のプロセスを進める前に「一対一直接指導」と呼ばれる特別なプロセスがあり、そのなかで転職活動全体のプログラムが作成されます。そのプログラムには、転職活動の個々のプロセスで何をすればよいか、利用できるノウハウとテクニックを相談者個々に合わせて提供していきますが、基本的にはタイムスケジュールを立てて、そのときそのときになすべきことを決めると同時に目標値を設定しています。その目標値の達成度を定期的に私が確認することになります。

先にほぼ全員が「二カ月で転職に成功」したと言いましたが、結果としてたまたまそうなったのではありません。実は、私が二カ月での転職を実現するためのタイムスケジュールでプログラムを作成するからなのです。半年や一年間の職業上のブランクをよしとし、経済的にも余裕がある方は、のんびりよい仕事が出てくるのを待とうと考えるかもしれません。しかし、そう考えると一向に転職活動は進まず、漠然と考えていた半年や一年という期間は本当に空白の履歴になってしまいます。それはその先の就職の際のマイナス要因にもなりますし、何よりも社会人としての生活感覚を失ってしまいかねません。それはもちろん転職に大きく不利になってしまいます。一貫したプログラムで短期に成功できるよう、転職活動を管理していくことが必要なのです。

第3章

転職は自分を売り込む営業活動

利益に結びつかないコストはできるだけかけたくないのが企業の本音です。人件費という巨額なコストを必要とする人材採用が厳しく行われるのは当然です。就職、特に中途採用の場合には、大きなコストをかけても、それをはるかに上回るだけの利益が約束できることを、企業に納得させられなければなりません。これは商品を売る「営業活動」に似ていますね。この章では、営業活動との対比で、転職に必要な心がまえを紹介します。

1

転職は「営業」活動

転職は、今まで皆さんが行ってきた仕事やこれから就くであろう仕事と不連続で独立した活動ではありません。ビジネス、とりわけ営業のノウハウが活用できる活動なのです。

■「営業」活動と似ている転職活動

転職活動を行うとき、多くの人は前職を辞して仕事をしていない状態になっています。不安でたまらない状態であっても、今までの社会的な関係から一歩離れて客観的に自分を見つめることができ、何がしかの解放感も感じられるものです。そのせいか、転職活動自体について、仕事と一線を画した特別な活動だと考えてしまい、何となくこれまでの生活や未来の転職後の生活との連続性が感じられなくなることがあります。しかし、ここまで本書を読み進んでいただければ、どうやら転職活動そのものがこれまでこなしてきた仕事と同列に考えられるようだと感じられたのではないでしょうか。

私は、転職活動をこれまで求職者が行ってきたビジネス上の業務の一つのように考えて遂行すれば成功の確率が高いと考えています。なかでも、対比として一番近い業務は「営業」の活動だと考えます。転職の目標は何でしょうか。それは例えばよりよい生活、より高い給料、より充実した仕事、より高いレベルの自己実現などといった、求職者の人生にプラスになる何かを求めることに違いありません。それが転職を営業活動として考えた場合の「売り上げ」または「利益」に当たります。また、転職活動を行う相手は企業になりますが、これは「お客さま」に当たります。「商品」に当たるのは何でしょうか。それは求職者自身にほかなりません。売り上げを上げるためには、お客さまに商品を買ってもらう必要があります。しかもより高い値段で買ってもらうほうが好都合です。そのための方策を考え、実際に行動に反映させるのが、営業のあり方であり、求職活動の望ましい方法です。

人材というものは、企業にとっては年間数百万～一〇〇〇万円以上のコストがかかる「高い買い物」に違いありません。経済状況の明るさが戻らない今、全面的に支出にブレーキがかかっている企業がこれだけのコストをかけて買う商品を見る目が厳しくなるのは当然でしょう。コスト相応、あるいはそれ以上の利益が将来もたらされることが確信できなければ、なかなか買ってはくれません。しかも、市場には競合商品がたくさんあります。そんなとき、優れた営業マンは何をするでしょうか。

私は、そのポイントは二つあると考えます。一つは、お客さまの顕在的／潜在的ニーズを細かく分析し、ニーズのあるところに積極的、効果的にセールスを行うこと、もう一つは競合する他の商品とは違った、独自の利点をわかりやすく、効果的にアピールすることだと考えます。

■訪問販売の手法

しばらく、ビジネス上の「営業」とのアナロジーを使いながら求職活動を考えてみましょう。まず、「対顧客」営業の方法を考えてみます。企業に対してどんな働きかけをするかということです。

スーパーマーケットのように、商品をずらりと並べて購入者を待つという売り方があります。しかしこれは人材紹介サービス業者のビジネスです。その「流通」ルートに自分を乗せてもらうことは販売機会を増やす一つの方法です。しかし、これは自分をその他大勢の競合相手のなかに放り込むことになり、差別化がきちんとできる保証がありません。また、必ずしもよい条件を持っていない中高年には、売り場の責任者（＝人材紹介サービスの担当者）が積極的になってくれない場合があります。

むしろ、手本になるのは訪問販売的なアプローチではないかと思います。商品を買いたいと思っている「お客さま」がどこにいるのか、また同じ種類の商品なら特に何に着目して選ぼうとしているのかを考え、できるだけ高く買ってくれそうなところにターゲットを絞ってセールスをする

10　企業情報の入手先

●書籍情報として

・『会社四季報』東洋経済新報社

会社情報調査の定番中の定番。季刊で日本の全上場、店頭企業3700社の詳細データを収録しています。CD-ROM版も市販されており、インターネット上でも複数のサイトで有料で検索可能なサービスを行っています。

●インターネットの情報提供サイト

・日経ネット　総合企業情報

最新のIR情報、財務データ、企業公告、さまざまな企業発表資料が、企業名や株式コードで検索できます。

http://ir.nikkei.co.jp/

・J-Net21

中小企業の情報を、業種や技術、製品・サービス、専門人材の領域から検索することができます。ほかの企業情報提供サービスとはひと味違い、ユニークな特徴を持つ中小企業が数多く検索できます。

http://j-net21.jasmec.go.jp/

・Yahoo! ファイナンス

株価情報を中心に、業種別にマーケット速報などを検索できます。もともとが検索エンジンのサイトなので、気になる情報を見つけたら「ビジネスと経済」カテゴリなどのディレクトリ検索にすぐに移行できるところが優れています。

http://quote.yahoo.co.jp/

のが常道でしょう。何しろ商品は一つしかないのですから。そのためには、一つはターゲットリストの作成を行うことが考えられます。顧客の志向やニーズのマーケティングデータに基づき、商品を買いそうな対象をリストアップし、片っ端から当たっていく方法です。前ページの図のような情報源は転職に際してのマーケットの状況把握に役立つでしょう。

ただし、一般的なデータからは個々のお客さま(＝企業)の「購買意欲」の高さがわからず、業種・職種や業績などのデータによってターゲットリストを作成せざるを得ないことになります。リストはいたずらに巨大化して、現実的な活動が行えなくなってしまうことがあります。その点、転職マーケットでは、商品を買いたいと思うお客さまが自分で手を挙げてアピールしています。それが求人情報誌や人材紹介サービスでの求人情報です。そのなかにあるお客さま(＝企業)をターゲットにすることは、少なくとも自分で業種や職種などで企業リストを作成して優先順位をつけるよりも簡単ですし、人材採用を望んでいるかどうかわからない企業に当てずっぽうに応募するよりもはるかに効率的です。求人を表明している企業はみずからアプローチを望んでいるのですから。

■ターゲット情報は幅広く集め、厳密に絞り込む

ただし問題は、お客さま(＝企業)が望んでいる商品が、種類は同じでもこちらの商品とは多

少の違いがありそうだということです。例えば「若い」とか、「実績がある」とか。しかし、実際の商品購入のときの行動を考えてみましょう。最初は「こうでなければならない」と思っていたのに、目の前に希望と少し違った商品を出されて、その特徴やメリットを聞いて納得できれば、むしろ「こちらのほうがよさそうだ」と、最初の希望と違う商品を買うことがあります。転職市場でも、同じようなことが日常茶飯に起こっています。その例は私の経験上は枚挙にいとまがないほどあります。条件は、もちろん企業側の思惑の表明ですから応募時に考慮はしますが、あまり厳密にこだわらず、とにかく可能性のありそうなところをできるだけ多くリサーチすることが肝心です。

とはいえ、最初の営業活動（＝求職活動）である書類応募についても、それなりに手間暇がかかります。割ける労力に限りがあるなか、求人広告などを材料にしてのアプローチにもリストが必要です。私はこれについて「精密な情報収集」と「最適なターゲットの絞り込み」を推奨しています。「精密な情報収集」とは、まずさまざまにある情報収集のチャンネルを十分に活用し、利用できる限り求人情報を見落としがないように調べることです。情報誌や新聞は言うに及ばず、ハローワークはじめ公共・民間の人材紹介サービス、インターネットすべてを駆使して調べます。そのなかで、希望職種を探し、自分の条件に近い募集を行っているところ、あるいは自分の希望に近い求人情報を精査します。これが「最適なターゲットの絞り込み」です。その結果、リストは単に漠然とした可能性のある企業リストではなく、実際に応募書類を送りつけることができる「応募先リスト」になります。これは言い換えれば具体的な「営業活動」を行うべきターゲットリストです。このリストは毎週作成され、できるだけ多くのターゲットが盛り込まれます。

■「営業ノルマ」＝アプローチの「数値目標」を設定する

このようにしてとにかく可能性の高い応募先を選び出し、個別にアプローチしていきます。しかし、この場合も目標値の設定が必要です。営業活動に営業ノルマがあるように、求職活動にも行動の目安となる目標が必要なのです。それが「できるだけがんばる」的な定性的な目標では、目標がクリアできているのかいないのか、自分自身も判断できません。客観的な判断基準となる「数値」での管理が必要です。

求職活動の場合、例えば最初の応募段階では週二〇社へのアプローチ、つまり書類を作成してそれを送る作業を行うことが、最低限の「営業ノルマ」だと考えられます。これは経験値であり、この数を減らすと内定の決定までに多くの時間を必要とすることがわかっています。また、在職の状態で情報収集や送付作業を行う手間を考えると、このレベルを最低線にすべきだとも考えられます。もちろん時間的な余裕がある場合は、これ以上の応募を行ってかまいません。この数値が基本的には求職者自身の都合ではなく、経験則による「ベストプラクティス」（最善の行動事例）

の一つであることに注意してください。

目標達成のために、営業部長が営業マンのプライベートな事情にかかわらずノルマ達成を至上課題とさせるように、求職者は自分自身を営業部長のような目でながめて管理していかなければなりません。活動のノルマ達成に無関心な営業マンが成績を上げられないように、数値的に管理した転職活動を行わないと、期待している期間での転職は実現しないのです。

キーワード ▶▶▶ 数値目標

週に20社応募のためのスケジュールを、いろいろな目標を数値にすることで立て、それを実行する方法。例えば応募○○件、求人情報の抽出目標数は、新聞から○○件、求人誌から○○件、ネットから○○件、などのように、細かく目標を設定し、それと現実の発見求人数とつけ合わせをしながら、次の週の作戦を立て、また実行、検証を繰り返していく。求人抽出目標は各項目とも現実的にはかなり詳細まで見通して決めていく。例えば新聞なら「朝日○○件、読売○○件、日経○○件」など。また目標はすべて週単位。当然、何の情報源から何曜日に求人が発生するかも事前にわかっているので、週のスケジュールが安定しており、結果、きちんとやれば、ほとんどの方が週20～30社の応募は当然のようにこなしていく。全員２カ月で内定、の最も重要なノウハウの一つ。

2

企業の「本音」に応える方法

自分を「商品」として売り込むときに、お客さま（＝企業）のニーズに関連した営業活動をしなければなりません。企業の「本音」としてのニーズを掘り起こすのが大事です。

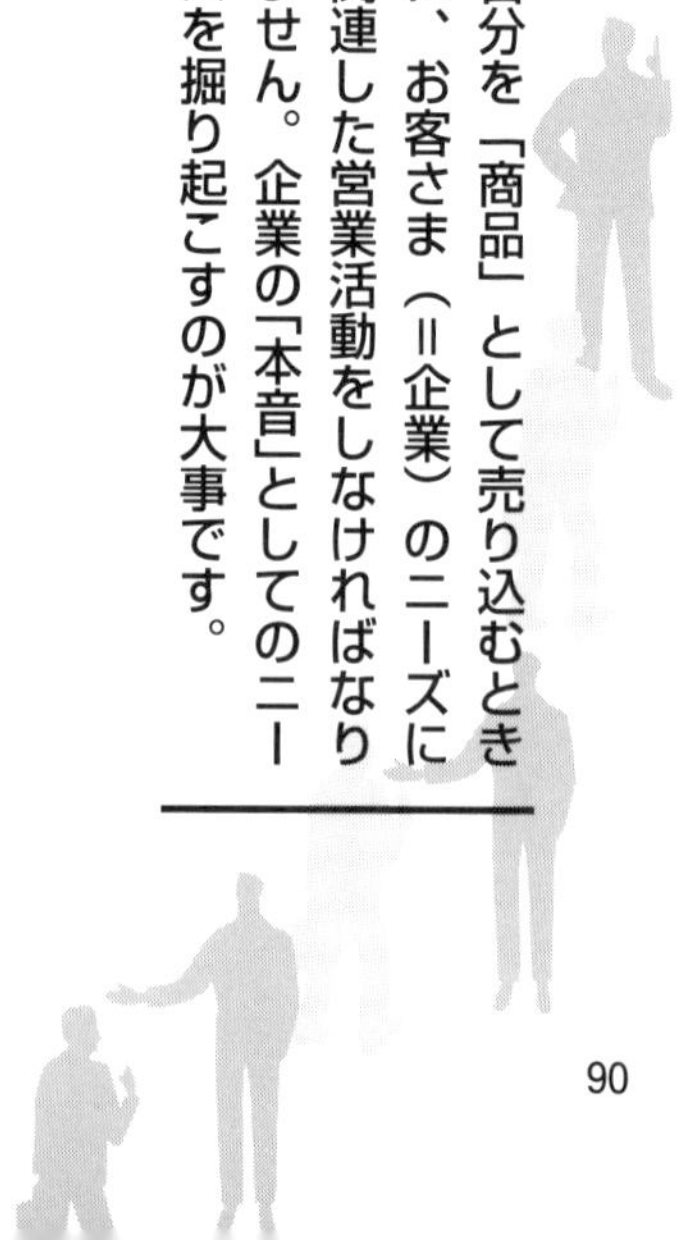

■企業の求人業務の裏オモテ

二章冒頭で簡単に紹介したように、企業の求人の本当の思惑と、公にされる求人情報との間にはギャップがあることがしばしばです。先ほど触れた「最初の希望と違う商品を買う」という行動は、実は本当に求めている商品と最初にイメージした商品とのギャップを、営業の力によって乗り越え、限られた情報と選択肢の中で商品選択を行おうとしていたお客さまに、より本当のニーズに近い商品を紹介したからこそ実現したのです。求職活動においても同じことです。

通常、企業の人事部門は、経営側からの指示をもらって求人を行います。このとき、人事部門の担当者は経営側から求人広告の文言にあるような詳細な指示をもらうとは限りません。「○○部門の増強が必要だ」とか、「△△部門で欠員が生じるので補充するように」といった、ビジネス上の目的に沿って指示が行われるのが一般的です。それを人事部門で検討し、求人広告として公にするための情報に加工します。このとき人事部門では、「選考の効率性」を必ず考えます。そのための「足切り」条件を加えて、より効率的な方法で応募者を募ろうとするわけです。また、支払える年収を考慮し予算範囲に収まるように工夫して、年齢制限なども加えられます。

ところが、そうして出来上がった求人情報は、当初経営側が期待していたものとはズレを生じていることがままあります。求職者の方を何度もモノに例えて恐縮ですが、経営側にとっては人材という資源の調達に際しても、他の資源調達と同様にコスト対効果が判断基準になります。高くても大きな利益をもたらす一人の人材と、安くても利益があまり上げられない二人の人材とが同じコストで得られ、期待できる利益が同じくらいだとすれば、おそらく前者を選ぶ経営者が多いのではないでしょうか。時間とともに人件費コストは大きくなっていきますから、長い目で見れば二人分のコストより、いくら高くても一人分のコストのほうが低いと言えます。もっとも人材は教育次第で価値を大きく向上させられるものですから、「人材を育てる」ことを優先して現在の能力は低くとも若い人を雇おうと思う経営者もいます。しかし、直接当たってみるまではどちらのタイプの経営者なのかは判断できません。そのためにも、網を大きく張って、多くの企業と面接してみることが大事です。

■応募書類の取り扱われ方

求人を行い、実際の応募書類が届き始めると、人事部門では何を行うでしょうか。例えば、担当者は書類の封筒を開封し、所定の書類が整っているかどうかを調べ、箱に納めます。次に責任者がその箱のなかの書類を読み、条件に合致するかしないかを判断していきます。

このとき、書類の体裁がいくら端正に出来上がっていたとしても、条件に合致しない要素を持つ書類は、「不採用」の箱に分類されてしまいます。ところが、このような機械的作業を淡々とこなす中に、所定の書類とは違った書類、しかもちょっと心を動かされる内容の書類が交ざっていた場合、少なくとも「不採用」箱に入れる前にためらうことでしょう。

実際の例ではこんなこともありました。応募書類として指示されていない「自己PR文」を添付して応募したところ、人事の担当者がためらって、「採用」箱にも「不採用」箱にも入れずに机に出しておいたそうです。そこにたまたま社長が通りかかり、机の上の書類を何げなく手に取ってみました。社長はその書類の自己PR文に目をとめ、読んでみたところ「この人はおもしろい」と興味を持ち、「面接してみよう」と即決してしまったというのです。

こんなに都合のよいケースは珍しいでしょうが、他の書類と違う特色を持ち、それが読む人の「共感」を呼ぶ場合には、担当者レベルでの判断が断念あるいは保留されて、より上位の管理者

11　応募書類の扱われ方

う～ん
迷うな
おやっ
それは？
あっ
社長
不採用
採用

人事担当者は応募書類の山の中から書類中のデータをもとに「採用」、「不採用」に仕分けをします。ここまではいわば「データ戦」。しかし人事担当者がどちらの箱へも入れかねる書類は、「データ戦」の戦場から脱して、新しい別のフィールドでの勝負が可能になります。そこには競争相手がいないのです。もしも経営層がその書類に目をとめたら……。

へ伺いを立てる場合が多いのです。そして上位管理者の「共感」が得られれば、応募条件と多少違っていても書類は通過する可能性が高くなります。
　これは営業活動の第二のポイントである「競合する他の商品とは違った、独自の利点をわかりやすく、効果的にアピールすること」になぞらえることができます。電子製品などの購入に際して、購入者はまずカタログなどのスペックを読み、より高いスペックの製品を選ぼうとします。しかし実際に販売店に行ってみると、営業マンがスペックシートに表れない製品の長所を詳しく説明してくれることがあります。それが納得できる内容なら、必ず心が揺れ動くはずです。この心理と同様なメカニズムが、応募書類審査のときにも働くように思います。

キーワード ▶▶▶ 共感

履歴書や職務経歴書など事実中心の本人の「データ」に対し、自分の思いや考えを述べて、「データ」では伝達できない情感を表現し、書類を見た担当者の気持ちに訴える考え方。中高年転職者は極端に高い倍率の書類審査を通過せねばならないが、履歴書や職務経歴書などの「データ」で勝ち残れるのはほんのわずかしかいないのが現実。それを突破するには「データ」では表現できない情感的内容を最大限に伝え、会社に貢献できることをリアルに伝えて経営者・採用責任者の「共感」を得ることが必須。それによって面接実施率を大幅に引き上げる。特に年齢無視などの「条件破壊」を使った応募には絶対必要。自己PR文のセオリーの中心概念。きちんと適用すれば、応募者の上位1割に常時入ることができるほどの破壊力を発揮する重要な概念。

前にも触れたように、書類選考は「データ戦」です。年齢条件や経歴などに、他の応募者に比べて劣った特徴がある場合、他の応募者と同様の書類を、いかにきれいに作成したとしても採用には結びつきません。データ戦に真っ向から参加しては勝ち目がない場合、データの悪さをカバーして余りある特徴をわかりやすくアピールして、「共感」を利用したまったく別の戦いに転換していくことが大切です。

もっとも、自分の能力や資質をアピールするには、書類だけでは不十分です。「自己ＰＲ文」と「共感」を使ったテクニックは、むしろ書類審査を通過し、面接にまで駒を進めるために行うものです。他とは違った自分の価値を本当にアピールするのに一番適切な機会は、面接のときなのです。

それについて、次項で見ていきましょう。

3

面接は「提案営業」の最大チャンス

自分をアピールする最大のチャンスが面接です。一次面接ができたら、二度、三度と会える機会をみずから作る努力をすることにより、より内定の可能性が高くなります。

■「提案営業」のきっかけとしての面接

面接は、営業活動でいえば「対面販売」にも似ていますが、実際にはそこですぐに商品が売れるわけではありません。二度、三度と面接を繰り返し、そのたびに本当に会社にとって適切な人材なのかどうかが審査されます。これはむしろ企業が資材調達などをする場合に何度か繰り返される「商談」のプロセスに似ています。今多くの企業が商談を合理的、着実に進めるために主軸にしている営業手法に「提案営業」があります。これは相手先が抱えている課題などに対して、「私の会社ではこんな貢献ができます」という提案活動を行い、販売などの目的に結びつけるタイプの営業です。企業は、自社の抱える課題は何かを明確に理解していない場合があり、その解決策についてもイメージを漠然とした状態で持っているにすぎないことがあります。そこに、客観的な目で課題を把握して、的確な解決を確信させるような「提案」が行われると、商談成立の確率が高くなるわけです。商品力そのものは他と横並びであったとしても、顧客企業での活用法を加えて提案し、効果を約束することにより、提案をしない他の競合商品よりも優先的に検討されることは間違いありません。

ビジネス上は、例えば大企業の情報システム企画部門などには絶えず複数の「提案」が持ち込まれていて、提案能力がない場合はほとんど契約に至ることができません。しかし、転職のマーケットの場合は、求職の時点で「提案」を行う応募者はごくまれで、ほとんどはそのような活動は想像すらしたことがないのではないでしょうか。

私は、面接の機会は、企業も求職者も、お互いに相手を知ることができる大切な機会だと考えています。多くの求職者の方は、面接とは自分を知ってもらう場としてしか捉えていません。しかし、私がお奨めしているのは、その場を利用して、企業側に「二つの質問」を行うことです。

それは「今回はどんな人を採用する予定なのですか？」という質問と、「それはなぜですか？」という質問です。これに企業の側が答えてくれたら、大きなチャンスの到来です。一つのメリットは、その答えに関連して次々に質問していくことで、その場であなたの専門性や能力、考え方のアピールが行えることです。通常、面接を行うときに企業側はこのような質問が行われることを予期していないので、意外性とともに興味をそそられることが多いのです。

またもう一つのメリットは、質疑応答のなかから、企業の本当の求人の狙いがわかるかもしれないことです。求人の狙いは、当然ながらビジネス上の課題と結びついています。その会社が抱えている課題が明確になれば、それに対する自分なりの解決策が考えられる場合があります。これはその場で考えて提案するのは無理です。営業活動のなかで商談の際にその場で解決できない課題が出てきたら、案件を持ち帰って検討してから企画書なり提案書の形で再度の商談を申し込むことがよくあります。それと同様に、求人企業の課題を捉えたら、面接終了後、あまり時間を置かないで「企画書」の提出を申し込むテクニックを私たちは実践しています。

キーワード ▶▶▶ 二つの質問

面接時に「今回はどんな人をお求めですか？」「それはなぜですか？」の二つの質問をすることによって、内定率を高める方法。人材像と会社の課題を顕在化、担当者に自身の印象を刻印、担当者が課題解決者として対象者を錯覚、などの効果で通過率は抜群に高まる。「それは具体的にはどういうことですか？」「それはつまりこういうことですか？」などの深掘りのための相づちを適度に打ち込んで、相手にできるだけしゃべらせることがポイント。また、「そのとおりです」「それはわかります」などのような認承同意的相づちは相手を直ちに不快にし、よって話をしなくなってしまうので、決してしてはいけない。うまくはまれば想像以上に相手の心をつかむことができ、待遇などもビックリの好結果が。特に面接相手が中小企業の創業社長だったりすると、驚くべき効果を発揮するケースが多い。

■「企画書」の提出は再面接を呼び込む戦術

「面接でのお話で御社の課題はこのようなものだと感じました。それに関して、私のこれまでの経験からこれこれの提案をさせていただきます」という形で、後日、再面接を申し込むのです。面接時の話だけでは課題を本当に明確に捉えるわけにはいきませんから、企画書の完成度もそれほど高いものにはならないでしょう。しかし、このような申し出をされて、すぐに断る企業はむしろ少ないようです。特に面接時に経営トップが参席していた場合にはこの申し込みもトップに届くはずです。「会うだけは会ってみよう」と、再面接の予約を入れられたら、とりあえずこの戦術は成功です。もしも再面接時により詳しい社内の事情やビジネス上の課題を聞くことができたら、さらに次につながります。というより、そのような話が出てくることそのものが、企業側が求職者の実力を認めたということです。内定は早い段階で決まることと思います。

提案営業というスタイルが、求職活動時にも応用できることがおわかりいただけたでしょうか。もっとも、後述しますが、面接時に思うことをただズバズバ言うことは担当者の心証を悪くするだけです。十分にテクニックを磨いて適切な対応を行うことが望まれます。

4

自分の「商品力」の考え方

商品としての自分の価値を認めてもらうためには「商品力」を効果的にアピールできなければなりません。それには従来のキャリアの延長線上で考えていては限界があります。

■「キャリアの棚卸し」は有効か

ここまで、主に企業側の実情に即して効果的な営業（＝求職）戦術を利用することを述べてきましたが、今度は商品としての自分を、自分自身がどのように理解し、相手にも理解してもらうかについて考えてみましょう。

求職活動のカウンセリングでよく言われることの一つに「キャリアの棚卸し」があります。求職活動の最初のステップとして、求職者自身がこれまで積み上げてきたすべての経験や実績を書き出し、整理して、自分のなかの資源のありさまを知る必要があるというのが「棚卸し」の意味するところです。これは数々の転職関連の書籍で取り上げられていますし、人材紹介サービスやコンサルタント会社で実施されているサービスでもあります。

12　キャリアの棚卸しのイメージ

次のような表を作り、自分の経験した仕事をすべて書き出してみます（以下は一例です）。

勤めた会社名	○×株式会社
会社の業種	製造業
経験した部署	営業部、販売促進部
役職	課長補佐
職務の内容	中小工場向けの製造機械販売ルートを確立し、３年間で従来の売り上げの４倍増を実現。

さらに、自分の強いところ、自信のあるところを書き出し、将来の自分のイメージを作っていきます。

取得した資格	機械技術士
最大の強み	製造機械に関する豊富な知識と経験に加え、営業活動に長年従事したことで形成した幅広い人脈を持つこと。
最大の興味分野	専門知識とセールスノウハウを生かした新製品企画および販売。
年収の目標	800万円
５年後の自分の姿	自分が企画した新製品を商品化し、改良を行いながら販売活動を行っている。当該分野で会社は国内トップシェアとなり、海外への輸出のための営業活動も行っている。

私も「キャリアの棚卸し」の必要性を認めるにやぶさかではありません。それは求職者の方が自分自身の価値を見つめ直す機会になり、自己実現の仕方を考えるうえで重要な一部分になると思うからです。しかし、転職という目的の早期達成を大前提にするときに、キャリアの棚卸しがどれだけ役に立つのかといえば、重要度は世間で強調されているほどには大きくないと思っています。

なぜなら、私の行う転職支援はこれまでのキャリアの延長線上に新しいキャリアを求めるものではないのです。求職者の性格や希望、これまでの職業生活で築いてきた能力を活用できる転職先を、可能なだけ幅広い業種や職種で考えて選び出すこと、そして行動することが重要だと思っています。とはいえ特に中高年の方は、豊富な職業経験をお持ちなので、特定の職種について非常に優れた専門能力を持っておられる場合がほとんどです。もちろんそれを生かさない手はありませんから、職種としてはある程度の限定が必要でしょう。しかし、業種に関しては、前職と同じ業種でなければいけない特段の理由はないのではないでしょうか。例えば製造業の営業テクニックと、販売業の営業テクニックはどう違うでしょうか。商品や業界、マーケットに関するノウハウを別にすれば、していることに根本的な違いはないのではないかと思います。

こう言うのには、二つの大きな理由があります。一つは、転職希望者の多くが前職での「辛い思い出」を抱えているからです。嫌な思いをした仕事と同じ仕事しか、自分にはできないと考えてしまうと、転職活動自体に嫌気が差すのは無理のないことです。「苦しくない転職活動」を目指す私としては、それを辛い経験を持つ求職者に強く求めることはしたくありません。

もう一つの理由は年収の問題です。実は従来のキャリアの延長線上での転職をした場合、前職と同レベルの年収を得ることがほとんど不可能なのです。これは日本の企業の体質上、どうしても避けられない大きな問題です。これに関しては次の章で検討します。

■自分の価値を知り、適切なＰＲを行う方法とは

本題に戻りましょう。「キャリアの棚卸し」がそれほど重要でないとすれば、商品としての自分の価値をどのように測り、それを企業にどのようにして伝えればよいのでしょうか。

それをやはり営業活動のアナロジーで言えば、「商品の差別化」と「価値のアピール」ということになるでしょうか。自分が他の人とどう違うのかを明らかにし、そのことによって企業にどれだけの利益をもたらすことができるのか、相手が納得いくようにすることが重要だと思います。

実際にはどんなことをすればよいでしょうか。まずは自分の価値を知るということですが、求職者と一対一で詳しく話をして指導をしている私には、自分の本当の価値に気づいていない、あるいは誤解している人がほとんどのように感じられます。

「自分にできること」を探しているだけでは、なかなか本当の自分に気づくことができません。

私が行っている「一対一直接指導」は、丸一日をかけて行いますが、実にその半分をインタビューに費やします。その目的の一つは「今までの経験」についての話を聞くことです。つまり「できること」を話してもらうわけです。しかし不思議なことに「今までの経験」について語るとき、なぜか誰もが生き生きと話をされません。何だか苦しそうでもあります。ところが、「今までの経験」はさておいて、また目先の転職のこともさておいて、「これからは何をしたいのか」という未来像の話に移ったとたん、皆さん生き生きと話をされます。相談者の方から聞く「これからの話」はいつでも本当におもしろく、私にとっても相談者の方々の専門性の高い話に興味を引かれ、また勉強になります。この話は、「やりたいこと」に相当するのでしょう。

「これからの話」のなかには、「本来やりたいこと」がいくつも出てきます。私と相談者は、できるだけそれに近い職種を選び、それを今までの経験と突き合わせて考えることで優先順位をつけていきます。これは「できること」と「やりたいこと」とを高度に合体させる作業です。そのなかで最も高いレベルで合体できる職種を第一志望とします。すると、ときには前職とはおよそ似ても似つかない職種が第一志望になることもあります。そういうときこそ、私たちは第一志望にこだわって活動をしていきます。

その効果は、実績として歴然としています。このような形の志望先の決め方を行うと、私自身が不思議に思うほど、続々と面接が決まるのです。そして、面接の現場でも相談者は自然に生き生きとした態度で面接者と対応することができます。その結果、内定が当然のように決まります。ときには相談者が経験したことのない職種でも、次々に内定が決まることがあります。

本当か、とお思いのことでしょうが、これは実際に私が今も毎日のように経験していることなのです。

■自分が最も生き生きと活躍できることが差別化と価値アピールになる

「一対一直接指導」の際に、私が相談者を観察するポイントは、実はその人の生き生きとした表情です。そんな表情は、相談者との間で本音の話ができたときに初めて表れます。つまり、本音の退職理由、本音の前職状況、本音の自慢、本音の短所、本音のコンプレックス、本音の弱音、本音の長所、本音の将来などなど、お互い倒れそうになるまで話し、そして聴くことをしていきます。すると、相談者は、やがて部長や課長でもない、父親でも母親でもない、世帯主ですらない、一人の人間としての輝きを見せ始めます。その輝きがどこから来るのかを私なりに感じ取り、それを率直に相手に伝えます。そんな話をしているうちに、相談者の本当の姿や本当の価値を、相談者が心から納得できる形で明確化できるように努めます。

それが終われば、あとは、最も相談者が生き生きと活躍できる応募先を探す作業に入れます。

このような方法で決めた志望先では、おのずと相談者の書類や面接も活力のあるものになり、他の応募者と印象がまったく違ってくるようです。もちろん書類上のテクニック、面接時のテクニックなど、さまざまなノウハウを駆使しながら転職プロセスをクリアしていくのですが、それらのテクニックを使った効果を何倍にも大きくするのが、こうした自己価値発見の過程での努力だと思います。自分が本当にやりたいことに気づいた人、自分が「できること」だけに拘泥せずに前向きに未来を語ることができる人は、それだけで頼もしく、自信に満ちて見えるものです。会社はその人の活躍を確信し、前職の年収と同レベルのコストを容認して内定を出すようになります。

このような活動が、実は自然に「他の応募者との差別化」になり、「価値のアピール」になっているのだと思います。

■直言、苦言を聞く努力をしよう

こうした活動は一人では行えません。とはいえ、私たちの直接指導が絶対に不可欠というものではありません。支援サービスを利用せずに、同様の結果を実現するには具体的にどうしたらよいでしょう。

一番よいのは、直言苦言を遠慮なく言い放つ親友、悪友、師匠、彼氏・彼女、奥さん・亭主など、気のおけない相手にロングインタビューを依頼することです。これはかなり効きます。ただし、話のなかであなた自身をえぐる、差し込む、といった普通なら失礼な言動を心置きなくできる人でなくてはなりません。

それが無理なら、自分のことを自分で紙に書き出していく方法もあります。じっくり自分と向き合い、本来自分がやりたいこと、今までの経験、さらにその合致点としての希望職種と、順番に書き出していきましょう。どこで本来の自分とずれ始めたのかと、過去をさかのぼるところまで持っていければ、もう成功したようなものです。

この活動は、もちろん転職の早期成功を目的として応募先を適切に選ぶための方法の一つです。しかし同時に、この活動には転職活動時に誰でも必ずと言っていいほど悩む「不安」の解消にもひと役買う活動になっています。次章には「不安を解消するためのセオリー」を紹介していますが、そこでこの「紙に書き出す方法」を説明していますので、参照してください。

5

戦略的な転職活動を行うための環境とは

転職活動を早期に成功させるためには戦略的な活動が不可欠です。しかし戦略的に動くためには環境の整備が必要です。ここでは、環境整備について紹介します。

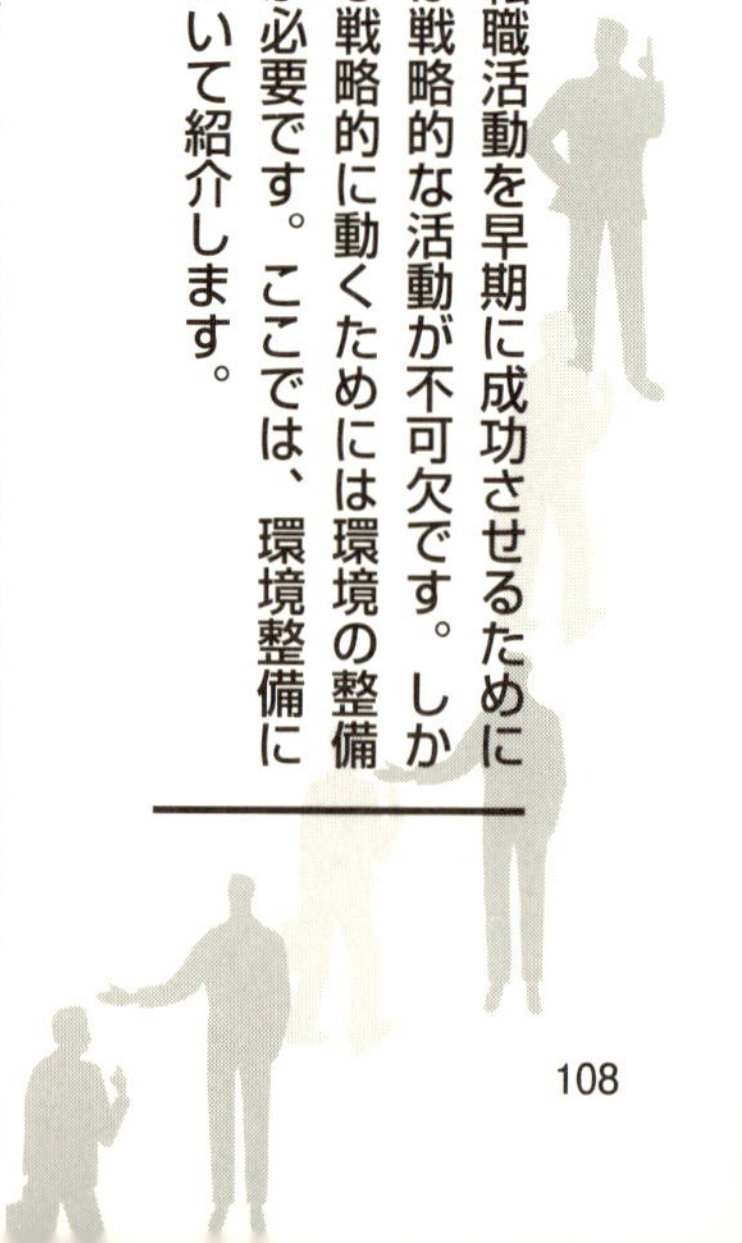

この章で見てきたように、私が行っている転職支援サービスを利用した場合の転職活動は、営業活動とほとんど同様の特徴を持っています。いくつかのノウハウやテクニックを紹介しましたが、これらは転職のための戦術です。目的に沿って戦術をどう組み合わせるかは戦略と呼ばれます。営業活動においても転職活動においても、戦略的に行動することが、最も早い目標達成を導く道です。

■場当たり的な転職活動は長期化する

しかし、実際の転職活動を戦略的に遂行している求職者はまれです。それには、多くの方が経済的な問題を抱えていたり、家族や周囲からの圧力に押されて、なし崩し的に転職活動に入ってしまうことに原因がありそうです。できるだけ早く転職を果たしたいという思いが強いためにそうなるのですが、場当たり的に目先の求人情報に飛びついてみたり、自己価値の認識や将来のイメージを持たずに書類作成や面接に当たってみたりすることにより、かえって転職活動を長引かせてしまいます。営業戦略を持たない営業活動は決して成果を生みません。求職活動も同様です。まずは落ち着いて、戦略的な活動ができるための環境を整えることが大切です。

■活動にふさわしい環境の整備

転職活動を一種の営業活動だと考えると、そのための環境はこれまでのオフィスの環境と同じレベルのものが必要になるでしょう。活動の拠点は自宅になるので、普通はそうした環境が整っていません。例えば、自分の机や椅子はあるでしょうか。自分専用に使える電話はあるでしょうか。ファックスやインターネットはいつでも使える状態にありますか。また家族はあなたの活動を支援してくれるでしょうか。

チェック項目を次ページの図に示します。このような視点で身の周りを整備していきましょう。自宅を「営業活動」の拠点とするのです。

■いつまでに就職するのかを明確にする

ゴールまでの期間を限定しなければ、活動は先に進みません。まずは、どれだけの期間を求職

13　身の周りの環境のチェック

・机、椅子、場所、時間

専用の机と椅子、集中できる場所、集中できる時間を確保します。

・電話

できれば自分の机にコードレスの子機があれば理想的です。

・ファックス

これも必ず設置してください。今は電話とファックス兼用のものがたくさんあります。

・インターネット

求人サイトの閲覧に不可欠です。求人情報を送ってくるメールマガジンもたくさんあります。また応募のやり取りもメールを使うケースもあり、ネット環境は今の転職活動には必須です。

・図書館など集中できる場所の確保

集中できる場所の確保と情報収集のために近隣の図書館の場所、開館時間、休館日などをチェックします。複数あればなおよいでしょう。近所の静かな喫茶店や、長時間机が使えるマンガ喫茶などのような場所もチェックしておくと便利です。

・家族との折り合い

基本はコミュニケーションにあります。1日、1週間のスケジュールや目標、また、結果やそれに対する考え方などを率直に話し、いつも現在の状況を伝え続けることが大切です。そして、これは意図的に行う努力が必要です。

活動期間にするのか、できるのかを考えなければなりません。相談者の方々の経験を見ると、半年や一年という長期の活動になってしまっている方も多いのですが、具体的にタイムスケジュールを組んで戦略的に取り組めるのは、せいぜい数カ月、私に言わせれば二カ月です。求職活動が長期に及べば及ぶほど、経済的にも逼迫《ひっぱく》しますし、モチベーションをその期間中ずっと維持し続けることに疲れてしまいがちです。また、失業している期間の生活は、活動はしているとはいえ仕事をしている毎日とはだいぶ違います。自分自身は忙しく活動してはいても、ビジネス上の会話をする相手がいないのですから、長期間の職業上の空白期間を持つ方は、連続して会社勤めをしている人とは会話がスムーズにいかないことさえあります。ビジネス上の常識を忘れていたり、新しいビジネスの話題についていけないことがあるのです。これはもちろん、面接のときの印象にも直結する問題です。

したがって、できるだけ短期間で就職を成功させる必要があるわけです。とはいえ、一カ月での転職は非常に困難なことに違いなく、二カ月あるいは余裕をみて三カ月ほどの期間は求職活動を行えるように考えるべきでしょう。考える要素には次のような事柄があります。

○毎月の家計費

食費、光熱費、家賃や家のローンなど、絶対に欠かせない費用を改めて把握します。

○時期的支払い

ローンのボーナス払い、車検、各種保険、年金、子供の学費など、一時的に生じる一括支払いの予定も改めて明確にします。

○転職活動費

転職にかかる活動費の概算を行い、あらかじめ予算として見込んでおきます。細かい出費が意外に多いので、合計すると大きな金額になりがちです。予算を立てることで予想外の金銭的逼迫を防ぐことができます。活動費には、例えば新聞や求人誌の購入費、ハローワークや面接に行くための交通費、書類発送、電話などの通信費、履歴書や書類作成用の紙や封筒、パソコンやプリンタ、ファックスなどの消耗品費、文具代などが含まれます。

○活動中の収入、または補填元の確認

支出に対して、活動中の財源を確認します。活動中のアルバイトや、失業保険給付金などの収入、貯蓄、借入金などを確認して、万一の経済的な破綻《はたん》のないように備えます。

このような要素を考え合わせて、適切な就職日を設定します。これは「○月頃」といった曖昧なものではいけません。「○月○日までに転職する」ことを明確に決めてしまいます。求職活動のスケジューリングは、このゴールの目標日から逆算して行うことになりますから、必ず限定しなければなりません。

■活動

スケジューリングができてしまえば、あとはひたすら行動あるのみです。どのように行動していくのかは、本書の五章で詳しく説明しています。基本的な部分だけを取り出すと、次のような活動が行われます。

○応募先のリスト作成
さまざまな求人チャンネルを利用して、最も適切な応募先を抽出します。

○応募書類作成
企業とのファーストコンタクトになる応募書類を作成します。履歴書、経歴書ばかりでなく、自己ＰＲ文を添付するところが私の支援方法の特徴です。

○面接の準備と本番
面接で直接企業の方と対面するための準備を行い、面接本番で相手に強烈な印象を与えて二回目、三回目の面接ができるようにします。

○面接後のフォロー
面接後に「企画書」などの提出活動を通して、さらに内定確率を高くします。

○内定決定後の交渉

内定が決まっても、それで必ずしも終わらないのも私の支援の特徴です。できるだけよい条件で就職できるように交渉します。

このように「段取り」を見るだけでも、二カ月程度での転職成功を目指すのは、かなり忙しい仕事であることがわかります。しかし、離職したあとのんびりと解放感にひたってしまうと、ビジネスに対する感覚、スケジュールに関する感覚がどんどん鈍ってきます。可能な限り短い期間で、できるだけ活発な活動をすることにより、仕事のブランク期間を有意義に過ごすことができ、かつ新しい転職先の仕事にスムーズに溶け込めるものです。ぜひ、自分が第一線の営業マンになったつもりで、考えられるすべての戦術を使って目的を達成していただきたいと思います。

■「できる営業マン」と「早期転職成功者」の共通点

最後に、多くの転職者の行動と、優れた営業マンの行動、成功する転職者の行動を対比してみた表を掲げます。優れた営業マンの取る行動と、成功する転職者の取る行動には非常に類似した特徴があり、多くの転職者の行動とはまるで違っていることをご確認ください。

14　できる営業マンと成功する転職者

項目	多くの転職者	できる営業マン	成功する転職者
環境	自宅。	整備された仕事場。	自宅に仕事場を整備。
調査	求人が出ることを期待。	市場動向の把握。 競合商品の調査。 宣伝、販売方法の検討。	求人状況の調査。 希望職種、業種、地域の雇用状況の調査。 最適な転職方法の検討。
目標	できるだけ早くと考えている。	いつまでにどのくらいの数を売るかなど細かく数値目標を定める。	1週間に何社応募し、何社面接するかを数値で決めて活動する。
PR	自分の特色、何ができるか、自分を採用した会社のメリットなどに明解に答えられない。	商品のメリットを明解に主張、いろいろな角度からメリットを説明する。	自分の特色、何ができるか、自分を採用した会社のメリットを簡潔に説明できる。求人が出ている企業にも応募するが、求人が出ていない企業にも、自己PR文を添付して面接を依頼する。縁故をたどっての紹介も依頼する。
フォロー	不採用になればそこで終了。次の求人を探す。	何度も宣伝する。	1回目の面接の後、企画書を必ず送付し、もう1度会う機会を作る。不採用になっても、1～2カ月後に再度面接を依頼する。
結果	ほとんど面接までいかない。	一定数の購入者が出る。	半数～8割の会社で確実に面接が実施される。複数の会社から採用をもらい、その中から選択する。

第４章

転職で自己価値を最大にするセオリー

転職者が最も気にしているのは、自分の価値がどのように相手に値踏みされるのかということでしょう。ここでは、転職において自己価値を最大にして、できるだけ有利な条件で転職に成功するための心がまえと考え方を紹介します。「年収」「不安との戦い方」「競争」「企業に自分を魅力的に見せる方法」に関する四つのセオリーです。

1

年収を下げない転職セオリー

「今までの経験を生かした」転職は、有利のように見えて実は年収を下げてしまう原因になっています。本当の自己価値に基づく転職活動で年収維持／向上を目指しましょう。

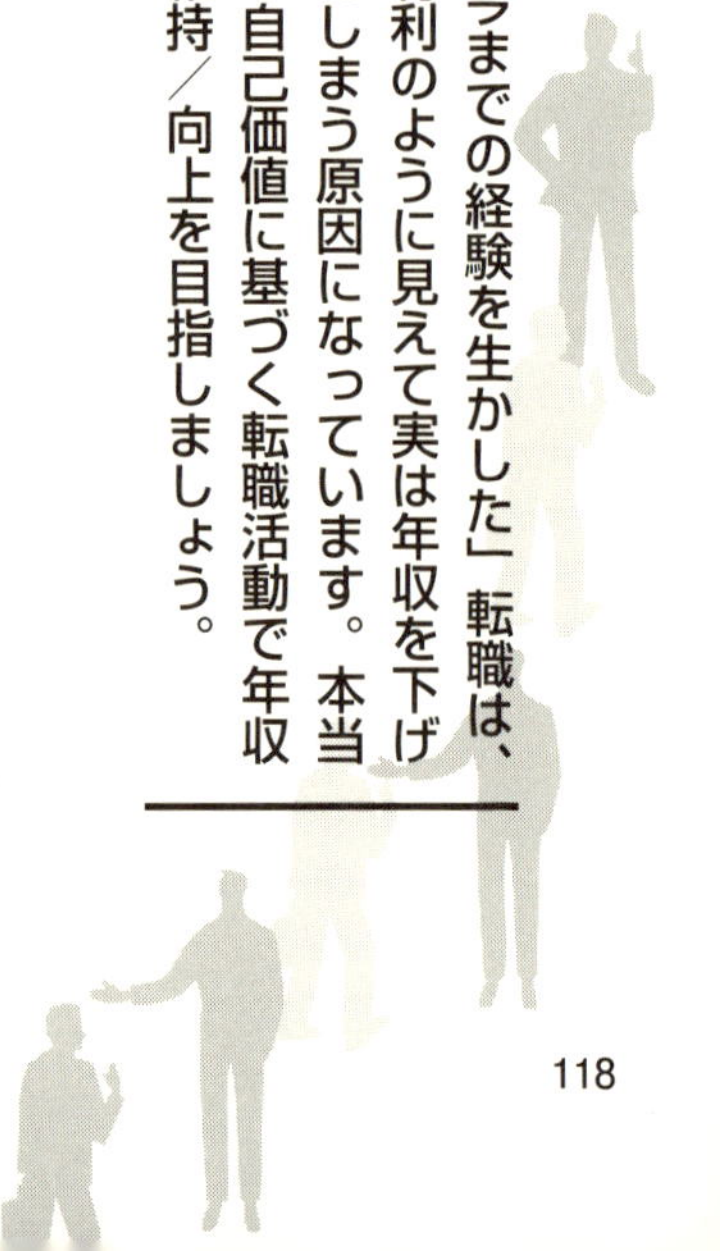

この章では、最も望ましい形での転職、すなわち希望の職種で、希望する年収条件で、可能な限り早期に転職するための、私が考えてきた「セオリー」とでも呼べるようなものを紹介します。次の章で紹介していくノウハウとテクニックの裏づけになっている事柄です。まず最初に、年収についてのセオリーから紹介しましょう。

■転職で収入が下がる理由

「転職したいけど、収入が現状より下がるだろうから、今の職で我慢しよう」、「経済状況が好転しなければ希望する年収はもらえないから、もう少し様子を見ていよう」と考える方は多いと思います。「転職すると収入は下がる」というのは、特に中高年の方には当然の事実のように語られています。しかし、私の経験からすれば、それは完全に間違いです。私の相談者の皆さんはほとんど前職の年収レベルとさほど変わらないか、それ以上の年収レベルで転職に成功されているからです。

なぜ、転職すると年収が下がると言われるのでしょうか。私は一般に転職には「今までの経験を生かして就職すること」が有利だと考えられていることに原因があると思います。もちろん、転職に際して今までの経験を下敷きにすることは当然で、それ自体に悪いところはありません。しかし、今までとまったく同じ働きをすることだけでは、絶対に前職と同等の収入は得られません。私は、「経験を生かす」といいながら、実はそれを発展・拡大するのではなく「前職と同じ仕事を同じだけこなす」ことと捉えている方が多いように思います。だから、転職すると年収が下がると言われているのです。

はっきり言います。前職と同じ仕事を同じだけこなすのでは、前職と同等の年収確保は無理です。厳しい言い方をしますが、退職理由を考えてみてください。自分の強い希望で退職した方は別ですが、前職のときに退職勧告をされた、希望退職制度に応募した、などの理由で退職された方は、ほとんどの場合その会社にとって年収分以上の貢献をしてはいなかったのだと思います。年収以上の貢献をしている社員を会社は簡単には手放しません。いくら希望退職制度のさ中でも、貢献度の高い社員には相当強く退職を思いとどまらせようと工作します。年収上積み、ポジションアップなども起こり得ます。つまり、退職してしまっているという事実は、会社にとって貢献度が高くはなかった、ということになります。とすると、前職の年収を確保するのは、理屈の上では無理があります。つまり、年収分の価値が認められずに退職となった人が、経験を買われて他社に就職しても、前職並みの年収が保証されることはほとんどないわけです。

また、たとえ年収分の働きをしていた場合でも、実は年功序列を基本にした日本企業の年収の枠組みでは、給与制度自体に勤続給をはじめとする「年功給」のようなものが組み込まれている場合がまだ圧倒的に多いのです。前職の年収には、いわば「長年ご苦労賃」が一定の割合で入っていたことになります。例えば前職年収が一〇〇〇万円だったとしましょう。そして会社としては七〇〇万円が貢献相当給で、三〇〇万円分が「長年ご苦労賃」に相当すると考えていたとしましょう。そうすると、「今までの経験を生かして就職」する場合は、転職先での年収水準は七〇〇万円ということになります。

しかし、これまでの収入が三割減って、果たして生活が成り立つでしょうか。かなり厳しいと言わなければなりません。そこで切り詰めて二割までなら我慢できると判断したとしましょう。求職活動中に面接などの選考過程で希望年収を聞かれることがあります。そこで「八〇〇万円は欲しい」と言うと、すでに理屈の上では内定は出ないことになります。

このように、「今までの経験を生かして就職」すると考えた時点で、年収のダウンは避けられないことになります。

■転職しても年収を下げない転職法

「今までの経験を生かした転職」での年収ダウンを避ける方法は、もうおわかりのことでしょう。前章で述べたような本来の自己価値発見のプロセスを通して、自分の本当にやりたいこと、興味・関心の対象が本当はどこにあるのかを認識し、それに「今までの経験＝できること」を加えて吟味して応募先を決定すること。そしてさまざまなテクニックを駆使して転職のプロセスを成功させていくこと。これに尽きます。

前章で述べたように、「転職は営業」なのです。今までの自分の仕事が年収分の価値がなかったとしても、職種を変えたりしながら、自分が本来やりたいと思っていた仕事に取り組むことで、少なくとも「意欲」という付加価値を付け加えることができます。それにこれまでの経験を生かしたアイデアを別の形で新しい仕事にプラスできるなら、これまでの年収分を超えるだけの利益を企業に与えることができるでしょう。それを納得させることができれば、年収ダウンは避けられるのです。この方法によれば、「今までの経験を生かした転職」が意味する「従来と同じ仕事を同じだけこなす」ような転職先にはまず応募することがないでしょう。今までの経験を決して無にするのではなく、本当の意味で活用しながら、求職者自身の明るい未来につながり、また採用企業にも喜んでもらえる「幸せ転職」が可能になります。

2

不安を克服して行動するセオリー

転職がうまくいかない理由は行動ができないからです。行動をためらうのは、転職者特有の不安が原因になっていることがほとんどです。不安の解消は実は難しくありません。

■転職時の四つの不明

求職活動をしていると、さまざまな不安が胸をよぎります。孤独感とともにさまざまな不安にさいなまれるのが求職活動の苦しさです。その苦しさを逃れるためには、相談相手や仲間を持つことと、不安を解消する手段が必要だと思います。

求職活動における不安は実にさまざまでしょうが、もしひとくくりに原因を求めるなら、それは「不明」だと思います。「不明」つまりわからないことが、心を不安定にさせるのです。何が不明かと言えば、次の四つの事柄だと考えます。

①自身の不明

自分自身の希望とその理由がはっきりしないことによる不安です。これに悩む人が意外に多いのです。自分自身の存在に対する疑問や自信喪失という深刻な悩みに陥る場合もあります。

②見通しの不明

いつ就職ができるのかわからないことによる不安です。経済的な問題や家庭や周囲の見る目の厳しさなど、日々に苦しさを抱える大半の求職者が持つ不安といえます。

③ツールの不明

どんな応募書類を作成すればよいのかなど、活動のための道具立てがわからないことによる不安です。

④現場の不明

主に面接で、どんな受け答えができるかなどの不安です。

これらの「不明」は、求職者の活動を妨げます。行動する意欲が不安によって抑え込まれてしまうからです。転職には何よりも活発な行動が必要です。不安はできるだけ早期に解消しなければなりません。

■「自身の不明」を解消するには

前章で取り上げたような「自己価値発見」ともいえるプロセスを取ることによって本当の自分の興味や関心に気がつけば、そもそもこの「不明」がないので不安を感じません。自分のやりたいことがわからない場合には、本当は直言してくれる第三者から潜在している本当の「やりたいこと」を引き出してもらうのが一番です。しかしその手立てがない場合には、前章に記したように、直言・苦言も辞さない知人や友人などにロングインタビューをお願いしたり、一六〇ページ（五章の3）に記すような方法で、自分で自分のことや企業のことを紙に書き出して考えてみたりすることが有効です。そのような行動を通して、自分のやりたいことやできることがだんだん見えてくるはずです。ただし、自分で自分自身の姿を正確につかむことは、実はなかなか難しいことです。確信を持つためには、自分でこうだと思った姿を第三者に伝えて、判断を仰ぐ必要があるでしょう。

■「見通しの不明」を解消するには

先の見通しが立たないという場合は、次のようなことが重なって起きているときではないでしょうか。

・条件に合う求人が本当に少なく、なかなか応募できない。
・応募しても書類選考で落ちてしまう。
・面接まではいくが、そこで落ちてしまう。

こうしたことが長期間、あるいは何度も続けばモチベーションが下がって、自分だけが世間から見放されたような不安を抱くことがあります。そんな気持ちから脱して先の見通しを立てるためには、何をさしおいてもまず計画を立てることです。

○求人を見つけるための行動計画

何度も言うようですが、求人は必ずあります。求人がないと思う人は、自分の求人情報の探し方をよく点検してください。新聞は何紙、情報誌は何冊チェックしていますか？　ウェブの求人サイトは訪問しましたか？　さまざまな情報チャンネルを活用して、精密な情報収集を行ってください。応募の優先順位を考え、第一志望の職種ばかりでは応募数（週二〇件が目標）が足りない場合には第二志望、第三志望の職種へと応募先を広げていきます。それでも足りなければ求人条件を無視して応募していきます。

キーワード ▶▶▶ 応募の優先順位

第一志望の職種で週に 20 ～ 30 の応募先を確保できない場合、第二、第三の応募職種を想定しておき、それらに応募することによって週の応募数の目標をクリアする方法。「条件破壊」とともに応募先確保の柱になる概念。第二、第三の応募職種については、例えば第一志望の自己 PR のポイントや職歴などが生かせる他の職種を想定したり、第一志望の職種が世の中にない、と仮定して、もともとやりたかったり､興味がある職種を想定したりして決めていく。たとえ経験がゼロであっても「自己 PR 文」作成によって真の「PR」になっている文が出来上がれば、かなり面接までは持っていくことが可能となり、憧れだったり本当にやりたかった仕事に就くケースも多々出てきている。

○書類選考を通るための行動

前記のように、週二〇社以上の応募を行い、応募書類に必ず自己PR文をつけて的確に自分を表現していれば、一〜二週間後には複数の会社から面接の通知が届きます。前記の応募のペースを崩さなければ、書類選考は通るものなのです。

○面接を通るための行動

面接においては、単に相手が聞いてくることに答えるばかりでなく、こちらから質問を行うテクニックがあります（九六、二〇〇ページ参照）。さらに面接後に企画書を作成して送るというテクニックもあります（二〇四ページ）。このようなテクニックを使えば、面接を通って内定に至る可能性が高くなります。

「見通しの不明」は、応募先を見つけ、数値目標を掲げた時点でかなり解消しています。何をすればよいかが見えてくるからです。そして一〜二週間後には跡形もなく解消しているはずです。なぜなら、その頃に面接の通知が次々に舞い込んでくるからです。応募活動をノルマを決めて行うことで、来週の何曜日には何をしているかといったスケジュールがはっきりとわかるようになります。この日とこの日は面接、その合間に翌週分の応募を行い、人材紹介サービス会社に電話をして……というような予定が立ちます。やがては内定日の予想も可能になるでしょう。このような予定が組めるようになった時点で、「見通しの不明」は解消しています。

■ツールの不明、現場の不明を解消するには

これについては、本書五章の書類作成の話と面接の話を読むことでかなりの部分の「不明」が解消するのではないかと思います。足りなければ、書店に数多く並んでいる「履歴書・経歴書の書き方」や「面接の受け方」に関するハウツー本も参考になるでしょう。ただし、面接という人と人との対面でのやり取りは必ずしも定型的に行われるとは限らず、臨機応変の対応ができなければならないこともあります。これは書籍などの情報ばかりではどうにもなりません。ちょっとした「慣れ」が必要になるのですが、最初の面接の本番までに「慣れ」ておくことなどできません。

私の指導メニューのなかには面接の疑似体験ができる「面接強化プログラム」があり、そこでは面接のシミュレーションを実際に行ってその様子をビデオ撮影し、求職者とともに検討・改善していくトレーニングが行われます。これは非常に効果的です。同様のトレーニングは、家族や友人を面接担当者に見立てて、ビデオを用意して行うことができるのではないかと思います。

3

競争相手をなくすためのセオリー

高齢などの条件を抱える求職者が圧倒的に不利になるのが書類選考のデータ戦。しかし見方を変えれば競争相手のいない断然有利な状態で転職に成功することができます。

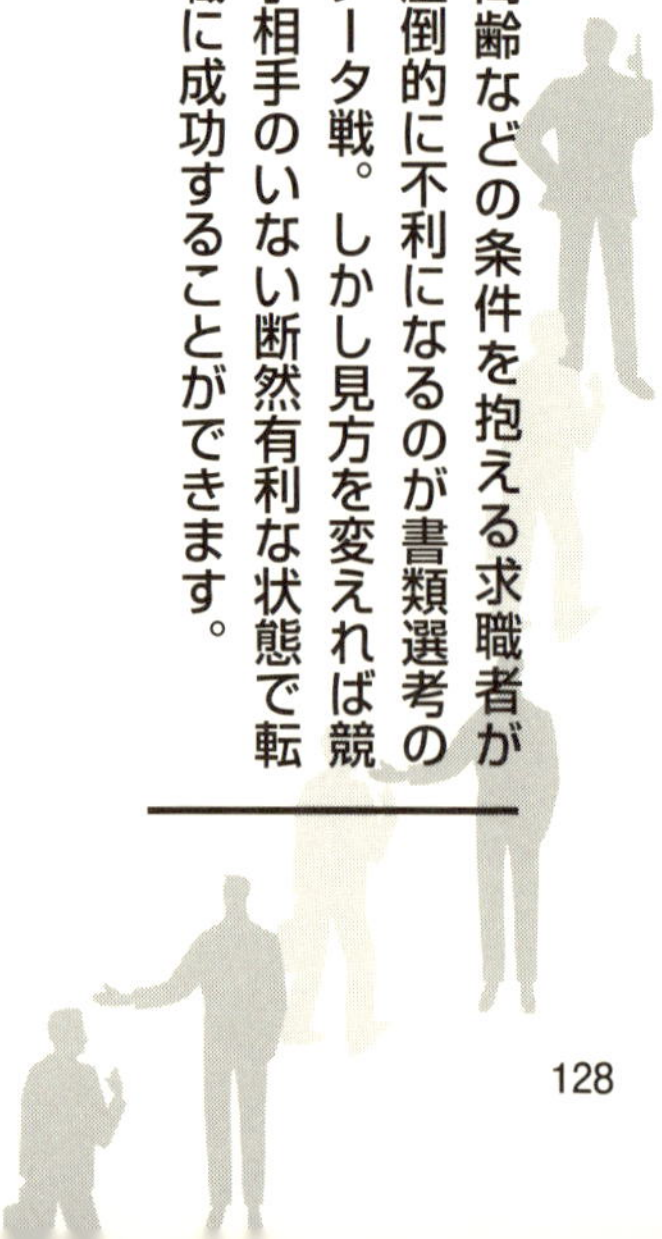

■競争しない転職とは

転職とは熾烈な競争を勝ち抜くことだと言いました。しかし、勝ち抜くためには必ずしも真正面から競争相手とぶつかる必要はないのです。ほかの応募者が城の大手門から入ろうとするのなら、こちらは搦手《からめて》から入れてもらおうという考え方をするのが私の転職支援の特徴です。「ゲリラ的」転職法とも呼ぶゆえんです。

企業で本当に人材を欲しているのは、採用実務の担当者でも人事部長でもありません。経営者が欲しているのです。ビジネスの維持や発展のためには、人材という貴重な資源を活用しなければなりません。その資源が不足した場合、困るのは直接的には部門の責任者ですが、部門の生産性が鈍ることは経営者の責任です。したがって、よい人材を最も熱心に探しているのは経営者だと言うことができます。何とか人事部門をバイパスし、経営者に直接選考してもらえるチャンスが作れないものか、ということから「ゲリラ的」転職法を考えました。なぜなら、人事部門の行う募集や選考は、業務の都合による「データ選考」がまず最初にあるからです。中高年のように、一般的にデータ面（年齢条件など）で弱点を持つ求職者の場合、基本的に「データ戦」になる書類選考はできることなら避けたいものです。中高年はほぼ例外なく豊富なビジネス経験を積んでおり、管理的な職種であっても即戦力になりうる力を持っています。ビジネスへの貢献可能性としては若い人よりもはるかに高いと自負している場合が多いのです。経営者が持つビジネス上のニーズと、求職者が持つ実力や人となりとを、直接ぶつけ合うような場を作ることができれば、両者がともに利益を得るような関係が作れるのではないかと考えます。

中小企業では社長が積極的に採用人事に関与する場合が多く、多重化した階層的な管理職制が敷かれている大企業でさえ、こと上級管理職採用に際しては社長が関与することも多いのです。そこを狙って特殊な方法でアプローチして、経営者と直接交渉する形での転職活動をしてみようという考え方です。これは「掟破り」の方法ですが、抜群の効果を上げています。なぜなら、もし人事部の選考をバイパスすることができたら、それは競争相手がいないところでの戦いになるからです。求職者が経営者に将来の利益を確信させることができれば、一般の応募者よりも早く、即座に内定が得られます。

■間違えて社長に応募書類を送った求職者

極端な事例を一つ紹介しましょう。元映像制作会社管理職のNさん（四七歳）がある日私のところに慌てた様子で連絡してきたことがありました。「佐々木さん、どうしよう！」とNさんが話すところを聞くと、その日必着の応募書類のあて名に、指定されていた人事担当者ではなく、テレビにも出てくる有名人である社長の名前を間違えて書いて、前日に速達で送ってしまったというのです。しかもそのときに限って「人事採用ご担当」何々様とは書かずに、どまん中に堂々たる筆文字で「○○○○殿」と書いてしまったそうです。提出期限が迫っていたために、焦っていたのがミスの原因のようです。Nさんの不採用が続いていたなかで、中堅ながら業界では有名な会社だっただけに、Nさんはこの大失敗で相当落ち込んでいます。普通、企業ではこのように担当部門の頭ごしに上位の管理階層にアプローチすることはたいへん無礼なことと考えられます。ましてや社長では。私もこの失敗を取り返す妙案は浮かびませんでした。とりあえず郵便局で回収してもらうことは無理でしたから、まずはその会社の採用担当者に電話をしましたが、既定のルートでなければ受け付けられないとの一点ばり。意を決して社長宛に電話もしたのですが、運悪く不在でした。

Nさんともども私もがっかりしてしまったのですが、その二日後、思いもかけない電話がNさ

15　経営層へのアプローチ

経営層にアプローチするために、これまで相談者はさまざまな手段を使いました。直接書類を送ってみたり、会社に企画書を持って訪問したり、展示会で直接書類を手渡したり……。決してお奨めはしませんが、効果を上げたこともありました。

んの自宅に入ってきました。「直接会いたい」。あの会社の社長が、直接Nさんに電話してきたのです。その一週間後、Nさんは見事にその会社に採用されました。そのことをNさんは私に泣きながら報告してくれました。「嬉しくて嬉しくて……」と。

それからしばらくしてその社長にお目にかかり、お話をうかがうことができました。社長がNさんに直接会いたいと思ったのは次のような理由だったそうです。

社長は毎日来るたくさんのDMの中に手書き、筆書き、白封筒、速達という異様な封書が交ざっていることに気づきました。これは何ごとかと思い、まず最初に開封したそうです。出てきたのが応募書類。「オレに直接応募書類を送ってくるとは大胆な」と思いました。しかし、指定の書類のほかに添付してあった自己PR文に目をとめ、読んでみると本当に感動したと言います。「この男はやってくれる」と感じたのだそうです。しかし、選考担当は人事部。筋から言えば人事部にこの書類を渡すべきですが、そうすると大勢の応募者にまぎれて書類選考で落ちてしまうかもしれない。自分はNさんの書類すら再度目にすることができない。それは困るな、と思ったそうです。そこで、Nさんについては今回の募集枠とは別にし、社長の直接裁量で面接をして、人事には後で報告と手続きをすることにしたということです。

私はこのケースを経験してから、私の指導のなかに次のような項目をつけ加えました。

・応募に履歴書、職務経歴書、強力な自己PR文の三つは必須。

・白封筒、手書きで宛名、できれば筆書き、速達で出す。
・宛名は社長宛にする。可能なら翌日社長に電話する。

ただし、最後の項目は、「開拓応募」と呼んでいる応募方法のなかでも特殊な場合にのみ使える方法であることには注意してください。求人広告を出して応募先を明記しているのに社長宛に応募書類を送ることは、本来失礼きわまりないことです。自分に合った求人情報がいくら探しても皆無の場合か、すべての条件は相手次第でよいからどうしてもその会社に入社しなければならないというような場合にのみ、使えます。

■条件破壊と自己ＰＲ文は効果絶大

実は社長に直接アプローチして成功したケースはこればかりではありません。間違えたのではなく、展示会などの機会を利用して意図的に直接アプローチするチャンスを作って成功したケースがいくつかあります。とはいえ、もちろん私はこの方法を一般に使える方法とは考えていません。やはり人事部が募集する求人に、正常なルートで応募するのが礼にかなったやり方です。

この事例で紹介したかったのは、「人事部の選考基準と経営者の選考基準は違っている」ということと、「自己ＰＲ文の効果の大きさ」です。前者のポイントが示唆するところは、求人情報に表れるさまざまな「条件」は、必ずしも経営者の意思を反映しているわけではないということです。つまり、求人条件には当てはまらなくても、経営者の欲する条件には当てはまる可能性があるということなのです。「条件破壊」応募が効果を上げることが多いのは、どこの会社でもこの事情は同じだということを示していると思います。求人条件は尊重はしても、それにとらわれることなく応募していくほうが得策です。ただ条件を無視する場合はその失礼を詫びながら、失礼ではあってもどうしても入社したい気持ちが抑えられないというニュアンスの挨拶状を添えておくべきでしょう。

事例の二番目のポイントは「自己ＰＲ文」の効果ですが、これは「自分は御社にこれだけの利益をもたらすことが約束できます。その理由はこれこれです」というような内容を書くものです。この文章があることにより、これがない他の応募書類よりも強い印象を与えることができ、その内容が「共感」を呼ぶものであって人の心を動かす力があれば、書類審査を突破する大きな原動力になるに違いないのです。

これは「社長に直接アプローチ」することとは違い、どんな場合にでも活用できる重要なノウハウだと考えます。自己ＰＲ文は、それ自体が書類を差別化する働きを持っており、内容によっては職を「開拓」する働きを持たせることもできます。五章で詳しく説明しているので、ご参照ください。

■競争を回避するそのほかの方法

競争のない状態で転職を果たすテクニックはこればかりではありません。応募時の活動でいえば、求人情報が広く流通することがない高い専門性を持つ職種についての応募には、求人情報をまったく使わず、企業リストだけに依存して応募を行うこともあります。企業リストは自分で作成しますが、データの収集元は『会社四季報』や経済週刊誌などのランキング記事、業界紙誌の企業広告、業界団体の所属会員録などになります。そのなかから、業務の概要の記事を探し、自分の専門性にふさわしい仕事を持っている企業に対して応募書類を送ったり、場合によっては直接社長などと面談できる機会を探すといった対応がとれます。

また面接のあとで「企画書」を提出するというテクニックも、同様の効果を狙うものと言えます。一般には面接は企業のほうが求職者の実力や人となりを観察、評価するものですが、私の方法では、逆に求職者が質問をすることになっています。これは「不安の解消」の項でも簡単に紹介しましたが、その質問への答えによって企業の（＝経営の）本音のニーズを捉えて、そのニーズにマッチする提案を行うことを通して、二回目、三回目の面接（経営者との面談になることも）を実現しようというものです。同じことを考える応募者はほとんどいませんから、競争相手のない転職法と言えるでしょう。

4

求人企業のために力を尽くすセオリー

顧客の利益のために努力する営業マンと同様に、求職者は就職したい企業の利益を考えて行動すべきです。自分により高い付加価値をつけるためにも不可欠なセオリーです。

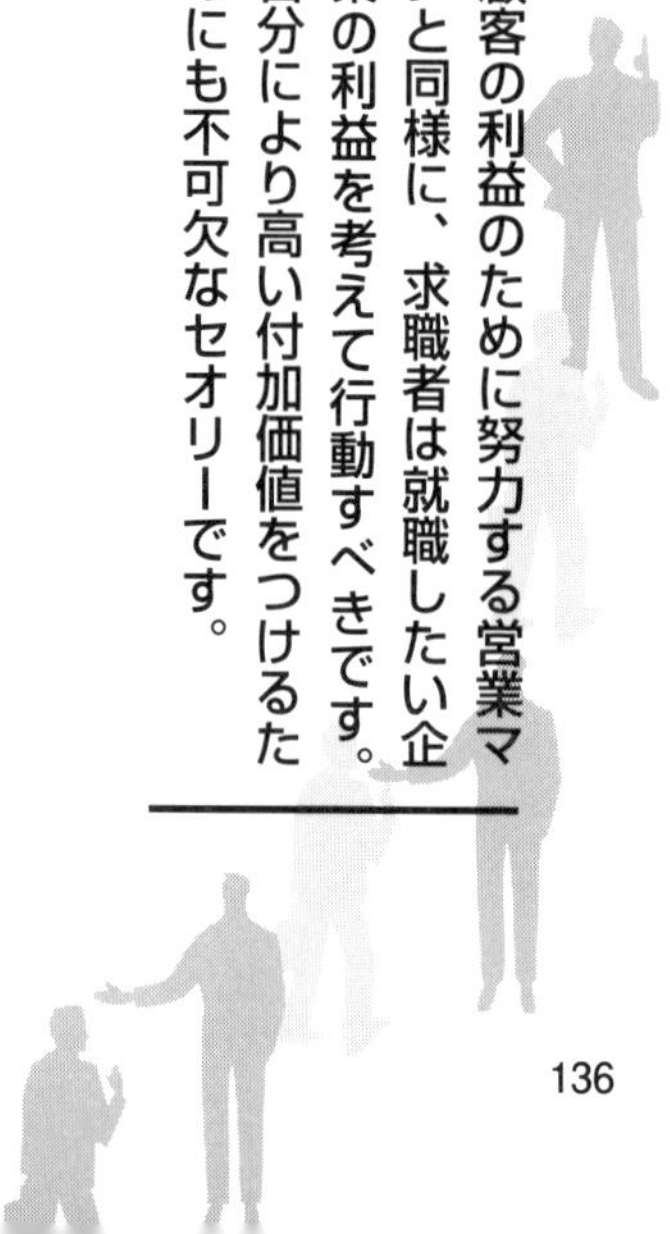

■転職希望者には「営業センス」が必要

「転職は営業」と考える私は、転職で求人企業に接するときも、いわば「営業センス」を持つべきだと考えています。よい営業マンは顧客から親しまれ、信頼されるものです。それは別にお世辞を言うからでもなく、トークが上手だからでもありません。顧客が考えていることを先読みし、こうしてほしいと思うことを顧客が言い出す前に提示してくれるからだと私は思います。ときには顧客が気がついてもいなかった潜在的なニーズを、営業マンが引き出してくれることさえあります。優れた営業マンは、業界のことや顧客のことを十分に勉強し、顧客が何を望んでいるのかを捉え、それに応えるための知識や技術を身につけるために日々努力をしているのです。これは求職者も見習うべきことだと考えます。

求職者は「自分を売る」ための活動をしています。お客さまは求人企業です。こう考えると、例えば「求人がないから就職できない」という言葉は、「お客さまが来ないから商品が売れない」と言っているのと同じです。こんな殿様商売をしている営業マンは決して成績を上げることはできないでしょう。

同様に考えると、「書類がパスしないのは経歴が悪いからだ」とか「面接で不採用になるのは退職理由が悪いからだ」と言うことは、「商品が悪いから売れないんだ」とぼやく営業マンと同じになります。商品が悪いかどうかは、お客さまが判断することです。多少悪いところ、心配なところがあったにせよ、それを補って余りあるだけの満足をお客さまに与えることができたなら、商品は売れるはずです。求職活動で言えば、求人企業が求職者を将来企業の利益となる働きをしてくれる人だと確信してくれれば、多少の条件の悪さなどは問題にならず、採用に至ることになるでしょう。

■企業のために尽力する人材は魅力的

よい「営業マン」として転職活動を行うということは、企業の利益になる人間だと先方に思わせるということだと思います。実際に働かせてくれれば役に立つことは実証できるけれど、それを企業の前でうまく伝えることができないでいるだけだと考えている方もおられるでしょう。しかし、それでは就職はできないのです。自分の価値を把握して、それを魅力的に表現できなければ転職はおぼつきません。

では、「魅力的な表現」とは何でしょうか。それは見栄えのよい経歴だとか、服装だとかではありません。どれだけ本気で会社のことを考え、尽力してくれるのか、それができるだけの能力や意欲があるのか、といった点が、企業にとっての「魅力」だと思っています。

例えば、応募書類の職務経歴書を見て「私は部下を五〇名使って大プロジェクトを成功させた」という意味のことが書いてあっても、読んだ人は「そうか」と思うだけでしょう。「できること」を理解してもらうことしかできません。しかし添付してある自己PR文には、「その管理能力を活用していただき、御社が今後注力されるという○×分野のプロジェクト遂行の責任者にしていただきたいと思います。○×分野は今後の伸びが最も期待される分野であり、私は常に関心を持って情報を集めています。もし責任者にしていただけたら、プロジェクトの売り上げを二倍にすることが可能だと考えます」などと書かれていたらどうでしょうか。この言葉から、求人企業のことを調べてあること、業界事情にも通じていることがわかります。また自分がやりたいこと、それを実現する意欲が、迫力を持って伝わるのではないでしょうか。なかには「大口を叩くやつだ」と思う人もいるかもしれません。しかし、他の応募者でこんなことを書いてくる人は少ないはずなので、興味を持ってはもらえるはずです。一度会ってもいいくらいおもしろいぞ、と思わせたら成功です。それだけ内定の可能性が高くなったからです。

企業が求めているのは利益です。利益につながる言葉は必ず興味をそそります。また、このような提案をするには、それなりの勉強や調査をして、求人企業のためになることを求職者なりに考えた努力が背景にあることがすぐにわかります。その意欲が買われます。「この人なら、会社のためにビジネスに尽力してくれるだろう」と思わせることが、あなたを魅力的に見せるのです。なお、自己ＰＲ文にもし前職のプロジェクト管理の難しさとそれを苦労して克服した話などがあれば、読む人の「共感」を呼び、ますます面接可能性が高くなるはずです。

念のために言い添えますが、このような「提案」的なことを表明するときは、相手企業への十分な理解が不可欠です。提案がまさに企業のニーズにかなう「ストライクゾーン」ならよいですが、下調べが十分でないと「ビーンボール」になって逆効果になるかもしれません。諸刃《もろは》の剣です。

■企業利益への貢献を考える

前記のような応募書類作成は一つの例にすぎません。私の奨める転職法は、すべて自分（求職者）が相手に何を提供できるか、提供したいと思っているかをアピールすることにフォーカスしています。営業の言葉でいえば新規顧客に対する提案営業、あるいは顧客満足度向上活動です。

例えば履歴書や経歴書。これはデータの塊で、将来の利益に結びつく何かを表現できるのは「志望動機」欄しかありません（もちろんこれは活用します）。したがって、これらの書類で多少なりとも求人企業に貢献できることを考えるなら、整った書式と明快な文字（手書きでもワープロでも）で、美しく仕上げることを心がけるべきです。それは人事部の事務効率を上げるでしょう。小さなことですが、実は人事部の採用担当者に聞くと、応募書類のあまりの乱雑さに辟易することが多いと言います。そんなときに整然とした書類が届くとほっとするでしょう。

また、面接時には、先にも述べたように「二つの質問」をしてニーズを聞き出し、「企画書」を後日提出することまで行います。これはまさしく提案営業のスタイルです。

このような視点で転職活動を行っていることが、大きな成果を生んでいる要因だと思います。またこれは、相手に自分の価値をより高く捉えさせるためのセオリーでもあります。価値の高い商品には高い値がつきます。中高年の転職者の多くが年収の低下に悩んでいるなか、私の相談者の方々は前職と同等以上の年収条件で転職を成功されておられます。それには、このような「求人企業のために尽力する」考え方が功を奏しているのだと思います。

第５章

成功のためのプログラムとテクニック

この章に、転職成功のためのプログラムとテクニックのすべてをまとめました。まずは基本的な考え方にはじまり、転職活動のスケジューリング、応募先を決めるための自分の内部の整理法を紹介します。次に、情報収集・応募先発見、書類作成、面接という活動の流れに沿って、有効なテクニックやノウハウを紹介していきます。

1

成功のためのプログラムとテクニック

転職支援プログラムの中核をなす「二つの考え方」である差別化応募と開拓応募。この二つを主軸に展開されるユニークな転職法のエッセンスを紹介します。

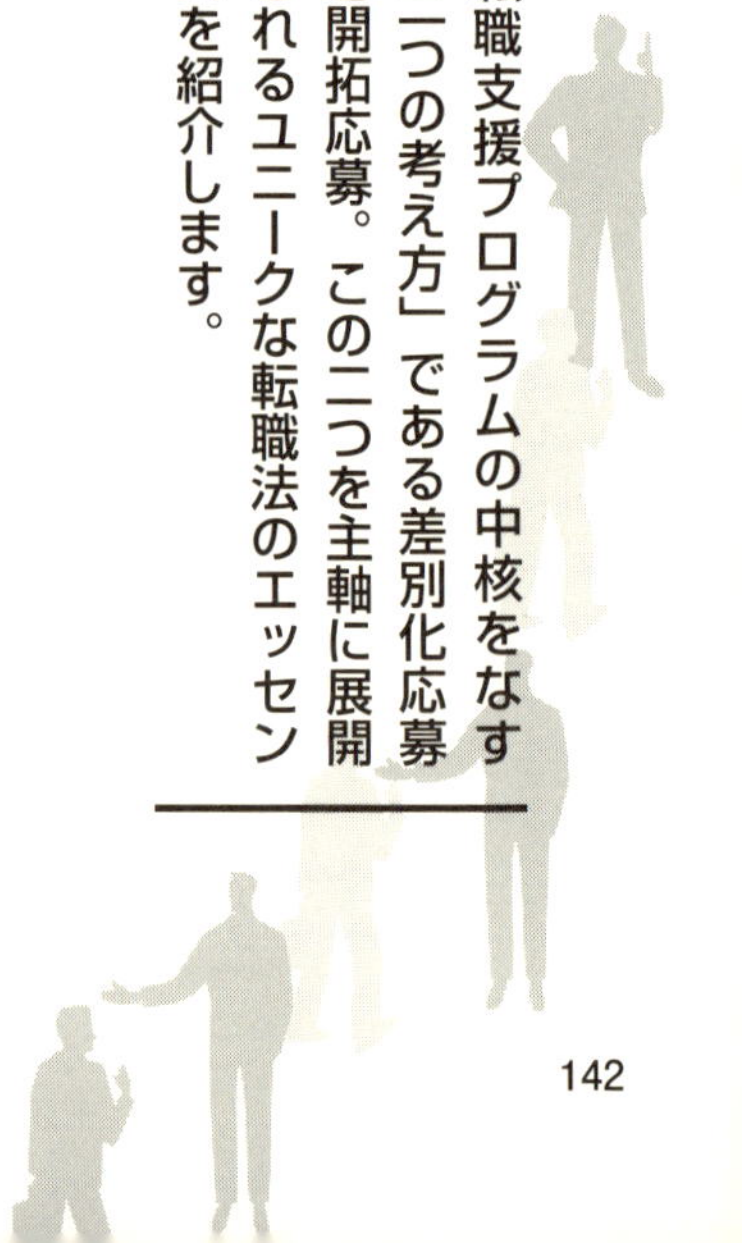

■二つの考え方と五つのステップ

先に紹介した「転職のための五つのステップ」に加え、それを的確に実行していくにあたって必要になる「二つの考え方」を紹介していきましょう。それは次の二つです。

・差別化応募
・開拓応募

この二つの考え方は、私の転職支援サービスのすべてのノウハウの基礎になっているものです。次に説明していきましょう。

16　二つの考え方と五つのステップ

二つの考え方	差別化応募
	開拓応募

五つのステップ

〈事前〉転職プログラムの策定とスケジュール運用 (1)(2)

ステップ	関連項目
応募先を確保 ↓	不安を排除し行動の準備 (3) 情報収集・応募先確保 (4)
書類審査をパス ↓	セールスポイントの明確化 (5) 書類作成 (6)(7)
面接をパス ↓	面接 (8)
内　定 ↓	確実な内定 (8)
内定受諾 ↓	
就職決定	

（注）( ) 内の数字は、それぞれのノウハウやテクニックを説明している本章の項を示します。

■差別化応募とは

応募条件面で合致する求人案件がなかなか見つからない人は、応募条件の緩やかな数少ない案件に殺到することになり、転職活動の競争率が特に高くなります。高倍率の難関を勝ち残るには、絶対に他の応募者との差別化が必要です。

差別化とは、他の応募者とは違った魅力を企業の採用担当者から人事責任者、できれば経営トップまでにアピールすることと言えるでしょう。そのための手段としては、まずは「書類」、次に「面接」です。この二つのステップで十分に差別化することを考えなければなりません。

もしあなたが他の応募者よりもはるかに美しく書類を仕上げたとしても、また面接時の態度や受け答えが他の応募者よりも整然としていたとしても、それだけでは差別化とは言えません。他の応募者との決定的な違いを印象づけ、また実際にそれを証明する行動が必要です。

そのためにするべきことは、書類に関しては、「自己ＰＲ文」を添付することです。これは、求人企業が応募書類として指定していない場合には、他の応募者の多くは作成・送付をしないでしょう。まずそれが差別化の一つになります。また、その内容を工夫することにより、さらに他の人とは違った面を際立たせることができます。具体的な書き方、内容については後述します。

転職プロセスのさまざまな場面でこの「差別化」の考え方が有効です。

■開拓応募とは

開拓応募は、「競争相手がいない」状態を狙って応募したり、競争しない状態をみずから作る応募の考え方のことです。一般に言われる「求人がない」状態を打破するために利用することができる、一種ゲリラ的な応募の方法です。

かつては求人のまったく出ていない会社にいきなり書類を送ることも試みたことがありましたが、これは効率がよいとは言えず、場合によっては逆効果でした。

現在は主に次の四つの方法を実施しています。

・精密な情報収集
・条件破壊
・知人友人の活用
・時間差攻撃

これらの方法は、以降のプログラムの説明にも登場

キーワード ▶▶▶ 差別化応募

今の転職に絶対欠かせない「二つの考え方」の一つ。超高倍率となる中高年の転職では、応募方法、応募書類など、応募の段階から徹底して差別化していかないと、書類選考に残れず、よって面接すらしてもらえないのが現実。それを打破するための方法をまとめる上位概念。具体的な各論はすべてこの「二つの考え方」に収斂される。自己 PR 文をはじめ推薦状、テスト結果、お礼状、企画書など、他の応募者がやらない方法をゲリラ的に展開する具体策はすべてこの下位概念に属す。

してきますが、簡単に説明しておきましょう。

○精密な情報収集

これは、求人情報を徹底して収集する、ということです。求職中の方は、「それならもうやってるよ」とおっしゃるかもしれません。私のところにみえる相談者の方もそうおっしゃいます。ところが実際の方法を聞いてみると、例外なく全員が、「徹底的」という言葉とはほど遠い活動しかしていないのです。新聞を丁寧に読む、求人誌を毎週買って読む。それだけでは情報収集をしているとも言えないのです。私がかかわった場合は中央紙すべてのほか、業界紙、英字紙、スポーツ紙、地元紙、夕刊紙、コミュニティ紙など、とにかく求人が載っている可能性のあるものは、機械的に、定期的に、一つのもれもなく徹底的にモニターしていただきます。これだけで、相当応募先の候補が増えます。そのほか、求人誌、折り込み広告、ウェブサイトなどもすべてこの方法で徹底的に、情報収集します。応募先は確実に、驚くほど増えます。

○条件破壊

これは、あらゆる応募条件を無視し、希望の職種のみに着目して、応募書類を送る方法です。例えば「年齢三五歳まで」のところに五〇歳の人が積極的に応募する、ということです。もちろん、募集案件である職種そのままでは通りませんから、例えば「責任者をさせてほしい」という趣旨の文章を添えて応募するのです。この方法は、信じられないくらいの確率で書類審査を通ります。

なぜならライバルがいないからです。

「年齢三五歳まで」の求人に五〇歳の人が応募してくるケースはかなり少ないのは自明です。五〇歳の応募者の応募書類は、ほとんどが「三五歳まで」の条件にかなう応募者とは別の扱いになります。もちろん場合によっては「不採用」となってそれまでですが、実際には書類選考過程そのものが違う流れで進むケースが多いのです。条件に合った当たり前の応募者のたどるべきプロセスから外れて、例えば即日面接が行われたり、いきなり社長面接に結びついた例も多いのです。

ほかにも、派遣やアルバイトの求人に「正社員で雇用してほしい」旨言い

キーワード ▶▶▶ 開拓応募

今の転職に絶対欠かせない「二つの考え方」の一つ。競争相手がいない応募先を探すために、自ら求人を開拓して応募する方法。中高年の応募はふつうは超高倍率をくぐって内定に至るが、この「開拓応募」での応募は人物本位での面接、選考となるため、考えられないほど内定までに至る確率が高く、また選考もスピーディーに実施されるのが特徴。ただし、まったく求人を出していない会社に対して、社長に直接ダイレクトメールを送るようなやり方までは、現状では必要ない。具体的には条件破壊、１～２カ月前の求人情報への応募などがその方法。なお、履歴書と職務経歴書だけの応募では高い効果は期待できないため、「差別化応募」と組み合わせによる応募が必須となる。また、「差別化応募」で超高倍率をくぐる方法を行い、一方でライバルのいない「開拓応募」を一緒に行うことで、面接率、内定率ともに今までなら考えられないほど高くなる。

添える形や、英語はほとんどできないのに「要英語力」を求人条件とする会社に応募するなどで成功する例もあります。もちろんこの場合は英語がほとんどできないことは明記し、そうであっても会社の利益になる働きができることを言い添えるわけです。このような形で企業が提示する求人条件をことごとく無視して応募するのが「条件破壊」です。これによりライバルを蹴落とすのではなく、ライバルが誰もいない状態で選考を受けることができます。

企業にとっては面接までのプロセスは事務手続きなどの業務が必要なだけでほとんどリスクはゼロです。気になる応募者がいれば、まずは会って確かめたくなるのが人情なのです。条件破壊応募による面接実施率は抜群です。しかも、他の応募者に比べてスピーディーに面接機会が持てる場合が多いようです。

○知人友人の活用

これは文字どおり知人などにSOSを出して、よい転職先はないか、あったら教えてくれるようにお願いすることです。気安く頼める人も、ちょっと気が引けるような頼みにくい人も、助力してくれそうな人すべてのリストを作り、一人ひとりに手紙で改まった形で実施します。

これも原則としてライバルがいない応募になりますから、たとえ一つでも二つでも教えてもらえたらありがたいことです。実は、このチャンネルを利用して転職に成功する例は非常に多いのです。

○時間差攻撃

先にも成功例のなかでお話ししましたが、これは、約一カ月半〜二カ月以上前の求人誌の求人広告をもとに応募書類を送る方法です。企業の採用活動は求人広告を出して一〜二カ月で終了します。その時点で採用人員数が当初の予定に満たなくても、コストの関係から一人、二人程度の欠員は、次回の採用活動までそのままにしておくケースが見られるのです。

したがって、採用活動が一巡したタイミングで応募書類を送ります。すると欠員を埋めるべく、即面接というかたちになるわけです（六七ページ参照）。これも信じられないくらい、面接にたどりつく確率が高いのです。もちろんライバルはいません。内定はまさに人物本位です。

■「勝つ人は競争しない」の法則

超高倍率をくぐり抜けることができるように書類を作り込み、さらにそれをライバルのいない応募先に送り続け、希望の内定を確実にとること。これが私が提唱する「開拓応募」の考え方です。いわば無用の競争を避けているとも言えると思います。これを私は「勝つ人は競争しないの法則」と呼んでいます。確実に短期間で希望の内定が獲得できる方法です。「二カ月で転職に成功」と何度も書きましたが、私が支援した皆さんの標準的な活動期間は実は一カ月半以内です。ほとんどの方が複数の会社から内定をもらい、目を丸くしています。

2

転職活動のスケジューリング

転職活動のスタート地点はスケジュールを立てること。戦略的に転職活動を進めるには不可欠なスケジューリングの方法と、標準的な設定例を紹介します。

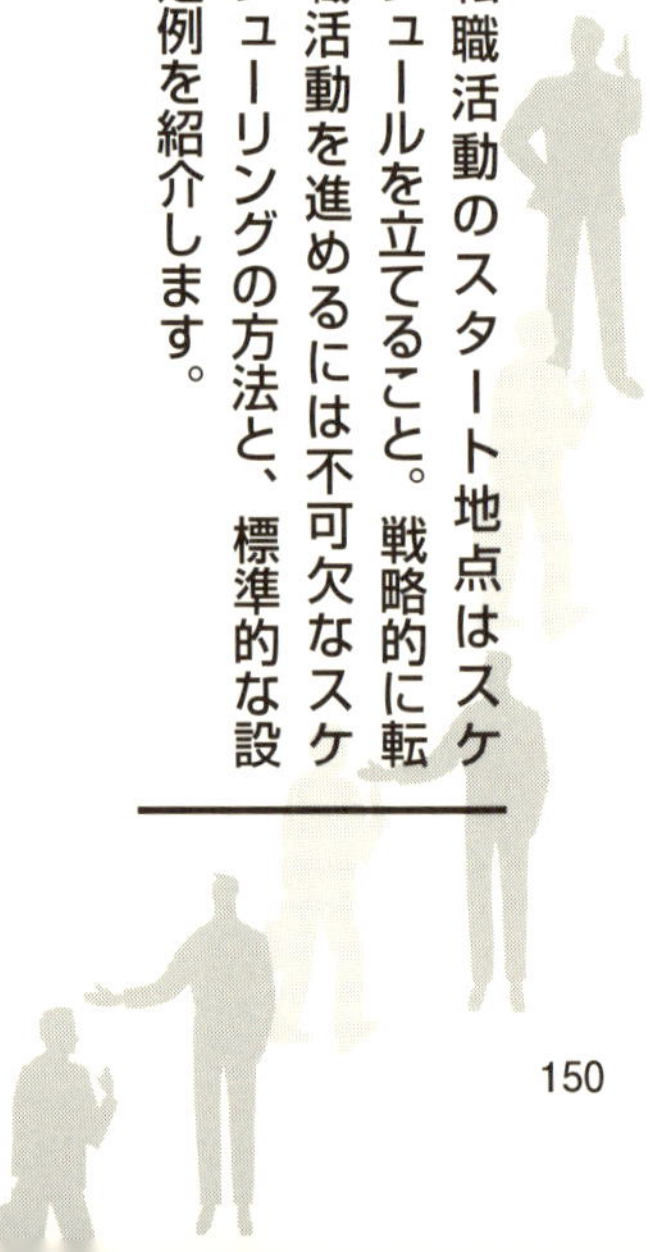

■スケジューリングの重要性

転職活動を戦略的に行うためには、転職する日をまず最初に決め、その目標日に向けてすべての戦術を用意して実行していくことが必要なことを先に述べました。ここでは、転職活動の準備段階と実際の活動段階のスケジューリングについて考えてみましょう。

■転職の準備段階（始動計画）

転職活動を始める前に、一～二週間にわたる準備期間が必要です。前職を離れたあと、すぐ明日にでも新しい仕事に就きたいと考える方と、しばらくの間解放感にひたってのんびりし、適当な時期を見計らって転職活動に入ろうとする方とがいます。しかし、どちらのタイプの場合でも、転職前に準備らしい準備をしていない場合がほとんどです。後者でも、時間をかけて準備をしてから始めることはせず、そろそろ活動を始めないといけないと切羽詰まって求人情報を探し始め、よさそうな求人があればほとんど行き当たりばったりに応募して不採用を繰り返してしまいます。すぐに活動を始めた方も、活動の方法を合理的に組み立てられず、失敗を繰り返しだんだんと自信を喪失してしまうのです。

転職活動の前に、自分の周囲の環境を整え、利用できる情報や機材などを用意して、さらに自分の心のなかを整理していく作業が不可欠です。

この段階の活動は転職活動の準備を行うことになりますが、単にモノを用意するのではなく、自分を臨戦態勢に持っていくことと、これから始めようとする転職活動の戦略を正しく立案していくことになります。これを私は「始動計画」と呼んでいます。

始動計画では、先にも述べたように、転職活動を支える環境

キーワード ▶▶▶ 始動計画

２カ月で就職するプログラム「１対１直接指導」で立てる二つの計画の一つ。もう一方は「通常計画」という。「始動計画」は飛行機での離陸期に例えられる。ここでは、応募先の優先順位、応募書類の完成、求人情報源の確定、人材紹介会社への登録と電話先の確保などを１～２週間で集中的に行う。その後、飛行機での巡航に例えられる「通常計画」に移行する。

整備に始まり、就職目標日の設定、さまざまな情報源やサービスの選択、行動予定の目標日からの逆算による設定といったスケジューリングまでをしていきます。ここで行う転職スケジューリングの例を、一五四～一五五ページの図に示します。ただし、このスケジューリングは転職者個々人の事情により、大きく違います。例えば、在職しながら新しい就職先を探す場合と、長期の失業期間を経てから活動を始める場合とでは、情報を探す方法や人材紹介サービスの利用法などの入り口部分での活動がだいぶ変わってくるでしょう。図に示すのは一般的な例と考えてください。

■準備期間に行うこと

最初の一～二週間の準備期間で行う活動は次のとおりです。

①自分の周りの環境の整備
②各種の調査
③目標の設定
④方法の検討
⑤求人サイトへの登録
⑥人材紹介サービスへの登録
⑦応募書類のひな型作成

これらの活動を通して、転職活動のスケジュールが決まります。

■活動期間に行うこと（通常計画）

スケジュールが確定したら、あとはそれに沿って活動していくだけです。ただし、一週間単位で必ず進捗をチェックし、その週の目標数値をクリアしていない場合、挽回する方法を考えます。利用する情報源やサービスに問題があるとすれば、利用法や利用する情報源やサービスを変えていきます。それまでの方法での応募で無理だとすれば、「条件破壊」応募を行ったり縁故者や友人・知人の助力を求めたり、さまざまな方策を取っていきます。

どのようなことをしてもかまいませんが、最初に立てたスケジュールと、その各段階における目標数値を必ず遵守することがポイントです。これがおろそかだと失敗します。

キーワード ▶▶▶ 通常計画

２カ月で就職するプログラム「１対１直接指導」で立てる二つの計画の一つ。「始動計画」は飛行機での離陸期に例えられ、それが整った後に飛行機での巡航に例えられる「通常計画」に移行する。ここでは、「始動計画」で入念に想定した応募先の優先順位に従い、確定した求人情報源を条件破壊を駆使して徹底的に探索し、応募先を週に最低20社を目標にして継続的に発送していく。また、併せて登録した人材紹介会社へ定期的に連絡し、求人情報の提供を強力に求めていく作業も並行して実施していく。なお、これらはすべて目標値を設定し、実績値で評価し、次週の行動スケジュールに反映させていく。

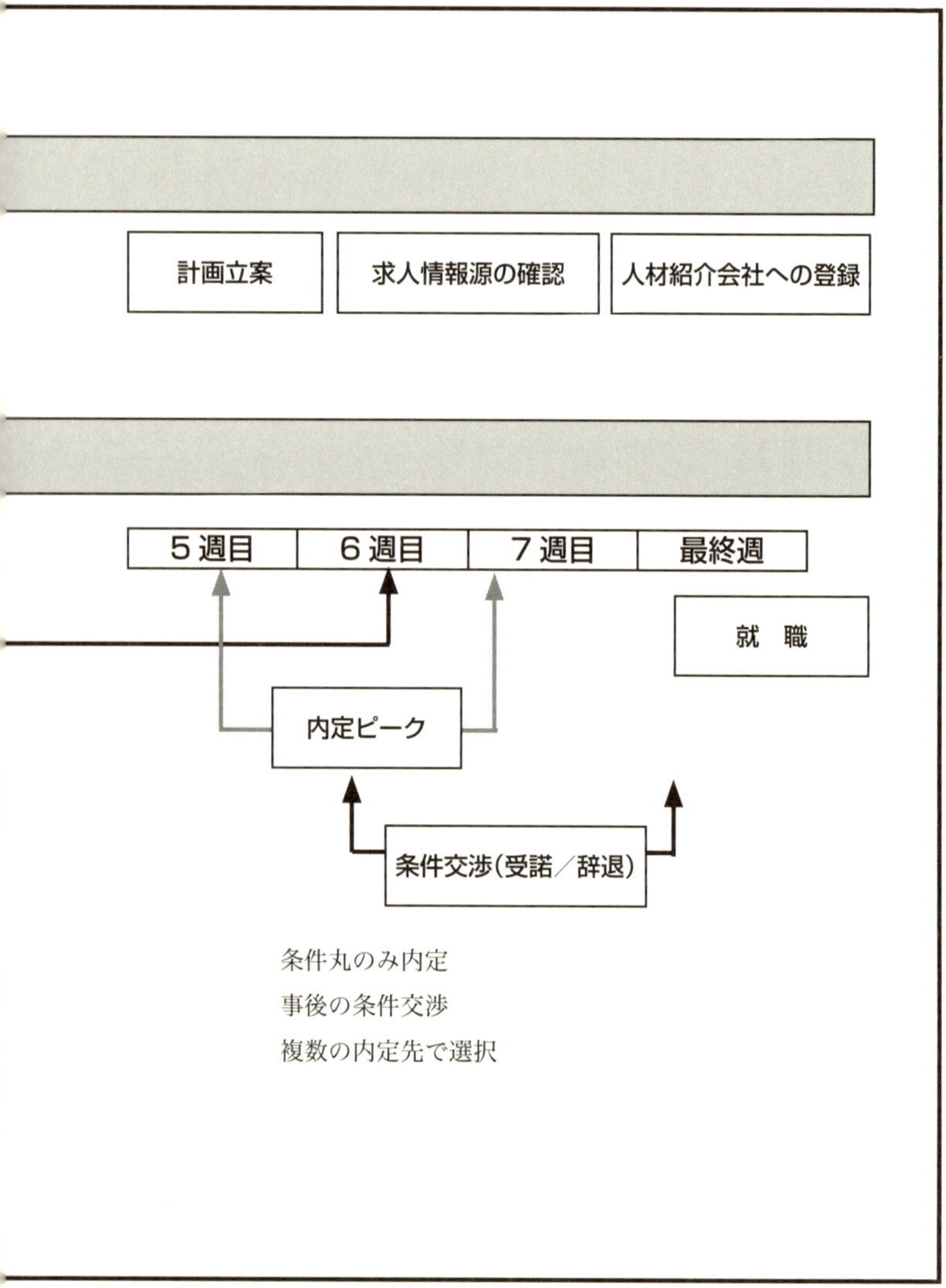
計画立案
求人情報源の確認
人材紹介会社への登録
5週目
6週目
7週目
最終週
就　職
内定ピーク
条件交渉（受諾／辞退）
条件丸のみ内定
事後の条件交渉
複数の内定先で選択

17　標準的な転職スケジュール

始動計画（１～２週間：求職者の都合に応じて可変）

今までの活動のまとめ　希望職種確認　応募書類準備

通常計画（約８週間）

１週目	２週目	３週目	４週目

応募開始（１週目）

週 20 件以上の応募
徹底的な情報収集
登録した人材紹介会社への訪問
縁故者への依頼
自己 PR 文の添付
1 週間単位のスケジュール表
求人情報のスクラップブック作成

面接ピーク（３週目）

週５～８件の面接
「二つの質問」
企画書の作成
想定問答集
面接ノート作成
面接のお礼状

3

本来の自分に帰るためのプログラム

転職活動で最も大切なのが行動すること。しかし心の中に行動を妨げる「自信喪失」という障害物が。生き生きと活動し、成功するための自分の取り戻し方を紹介します。

本格的なプログラムをスタートする前に、ちょっとチェックしておきたいことがあります。それは、あなたが本当に意欲的に行動できるかどうか、これまでの転職活動で疲れた結果、自信を喪失して自分を見失っていないかどうかです。モチベーションを高く保ってプログラムを遂行するには、まず自信を回復し、本来の自分を取り戻すことが肝心です。もし、自分のやりたいこと、本当に希望する仕事が見えていなかったら、一度この項にある方法を試してみてください。

■自分を見失ってしまう離職体験

転職を考える人なら誰でも、自分の「退職ストーリー」を持っています。それぞれの人がまったく違ったストーリーを持っていますが、輝かしい退職ストーリーというのはあまり耳にしません。たいていは辛いストーリーです。これが転職に際して求職者が自信を喪失してしまう最大の原因だと思います。例えば退職勧告を受けた場合、それを「あなたは必要ありません」と言われたように受け取ってしまいます。希望退職に応じた場合でも、どこかに本当は引きとめられると思っていたのにそうならなかったという思いがあるはずです。

しかも、求職活動を始めてみると、求人はないように見えるし、やっと見つけた求人企業に応募してみると、書類審査で不採用になってしまう。送るはしから返却される応募書類を見ると、ますます自信が失われていきます。しかし、本当に実力がないから離職したのでしょうか。「そうではない」と心の底では誰でも思っているのではないでしょうか。

それなら、自分の離職経験、退職ストーリーを別の形で捉え直すことができそうです。私はこれを「ストーリーチェンジ」と名づけています。これは、失業期間の間に不採用を繰り返すことによってネガティブな方向へと気持ちが向いてしまいがちな心を、ポジティブな未来志向へと逆転させるためのテクニックです。自信を喪失したままでは転職活動期間中を高いモチベーションで乗り切ることができません。また、一方でストーリーチェンジは面接の際の質疑応答の模範的な回答を用意することにもつながっています。

■ストーリーチェンジの方法

ストーリーチェンジは、あるストーリーを「ひっくり返して読み直す」ことです。例えば希望退職者の募集に応えて退職したとしましょう。ネガティブなストーリーでは「私はリストラが原因で失業してしまった」ということになるかもしれません。それをひっくり返して読み直すとこうなります。「会社の業績不振で希望退職者が募集されたとき、あえて私は退職の道を選んだ。他の選択肢もあったのにこの道を選んだのは、私なら新しい職場で、より自分にふさわしい仕事ができるはずだからだ」と。

いかがでしょうか。まったく違った表現になりました。ストーリーチェンジは「状況に押し流されてしまった不本意な私」を、「あえてその道を選び取った私」に変えてしまいました。この例はちょっと説明しすぎの表現になっていますが、実際には自分自身の状況に合わせて「○○が原因で△△になってしまっている」というところを「○○が原因ではあるが、あえて自分はそれをしたのだ」という表現にひっくり返します。そして必ず「なぜならば◎◎だからだ」という理由を加えます。これがポイントです。

応用例を挙げれば「年齢が原因で、失業が長引いている」をチェンジして、「年齢が原因ではあるが、あえて私は失業が長引いてもよしとしている」、「なぜならば、この厳しいなかで決まった仕事こそ自分にとって本物、という思いがあるので、安易に妥協したくないからだ」というようにポジティブな表現に変えることができます。

これは言葉の遊びのようですが、言葉というのは奇妙な力を持っています。うまくいかない転職活動者はネガティブストーリーを繰り返すうちに、次第に自分が作ったネガティブストーリーにとらわれていきます。それが嵩じると、しまいには自分は本来ネガティブな存在だと思うところまでいってしまいます。実際にそんな傾向にある相談者も多いのです。しかし、ストーリーにとらわれるということは、逆に言えばストーリーを変えてしまえば思考も逆方向に仕向けることができるということでもあります。ポジティブなストーリーを何度も繰り返すうち、今度はそのストーリーにとらわれるようになります。やがて自分は本来ポジティブであったのだと思えるところまで行き着ければ、自分を見失っていた人でも新しい気持ちで転職活動に、新しい仕事に、向かうことができるでしょう。

あなたがどのような経緯で退職したとしても、その事実を知っただけでは誰も「この人はやる気や自信がないな」などとは思いません。あなたの職務経歴書がどんなものであっても、そこから過去のあなたの意欲や自信を推し量ることはできません。過去のあなたの「やる気」や「自信」を他人が推し量ることができるのは、過去の経歴に対するあなたの解釈を聞いたときなのです。退職当時の気持ちは「押し流されて不本意」であったとしても、それを「あえてそうした」と読み直し、「なぜならば……」と説明できるように解釈し直せば、事実は一つですが、非常に積極的な心になることができます。その積極性、回復した自信が応募書類に表れ、面接に表れ、そして活動全体に波及すれば、信じられないほどの成果を出していけます。あなたのよい表情、張りのある声、気持ちが安定したよい状態を相手に見せることができます。もちろん、あなた自身のモチベーションは高い状態を長く維持できるようになるでしょう。ストーリーチェンジは不採用が繰り返されることによりますます不採用を呼んでしまう「不採用の循環モード」を、「内定への循環モード」へと切り替える、大切なテクニックなのです。

■自分の興味・関心を見つけることが採用への近道

三章にも記したように、私が行う「一対一直接指導」は相談者へのロングインタビューが大きな部分を占めます。その目的は、求職者の「できること」と「やりたいこと」を会話を通して明確化し、その二つを合体させて最も興味・関心が持てる職種を第一志望として選ぶというものでした。これは言い換えれば「適職を探す」作業だと言えるでしょう。

この作業はもちろん一人で行うことはできません。とはいえ、相談できる相手がいない場合には、ある程度自分で行える部分があります。その方法をまず紹介しましょう。

■自己価値を分析するために

まず紙を用意して、次の事柄について、自分自身の希望とその理由を書いてみましょう。

・希望職種　・希望業種　・それを望む理由　・五年後の姿

これらの項目をまず書いて、それぞれに希望と理由を思ったとおりに書いてみてください。五年後の姿は意外と書けない方が多いようです。でも将来のイメージがない人を、面接して「採用したい」と思う採用担当者はまずいません。自分自身のことを考えるよい機会なので、時間がかかっても逃げずにできるだけ取り組んでください。この作業は、「キャリアの棚卸し」（一〇一ページ）のプロセスのなかの、未来に関する部分にあたります。

■企業の求める人材像を考えるために

これができたら、今度は相手のことを考えてみましょう。相手とは、求職する企業のことです。相手が何を望んでいるかを考えることは重要なポイントです。どんなに突き詰めてすばらしい姿を描いても、相手が受け入れてくれないと、就職という活動においては意味がありません。また、自分の価値を会社との関係の中で位置づけ、確認するという作業は自身を客観的に評価するという意味でも有効です。

次の項目を立てて、紙に書いてみてください。

・会社が欲しいと思う人　　・自分が会社に貢献できること

いくつでもよいので書いてみてください。実際にやってみると想像以上に書きにくいかもしれません。実はこうした事柄、すなわち「相手の視点で考えてみる」ことができていない求職者がほとんどなのです。それが応募しても応募しても決まらない大きな原因の一つです。一人よがりの希望を抱いたまま活動することは、ストライクゾーンをわざと避けて球をたくさん投げているようなものです。絶対といっていいほど内定は出ません。そうならないために、ぜひ、「相手の視点で考えてみる」ことをしてください。

自分自身の状況を整理することと、それを相手の視点で見てみること、この二つができれば、本来の自分のイメージを社会的な連関の中で正しく捉えることができるでしょう。

うまくいかないときは、納得のいくまで書き直していくことで、それぞれの項目への理解が深まるでしょう。「相手」については最初は第一希望の職種・業種となるでしょうが、できれば第二希望、第三希望~第四希望くらいまで、応募する職種、業種を設定して、それぞれに、前記の項目を書き出すと、さらに理解が深まると思います。

なお、「会社が欲しいと思う人」のイメージは、次のページの図に例示しています。いろいろな特徴がありますが、それらすべてに共通しているのは「売り上げ貢献」、「安定した勤務」、「低コスト」という項目です。これをヒントにして、書き込んでみてください。これらのイメージに対して自分はどうなのか、当てはまるか当てはまらないか、当てはまらないとすればなぜなのか、何を改善すれば「会社が欲しいと思う人」により近づけるのかを考えることにより、自分自身への理解が深まることと思います。

18　会社が欲しいと思う人の例

高機能	○プロフェッショナル ○仕事が早い ○仕事の質がよい ○多機能 ○一つの専門＋他の有能な分野がある ○何でも屋だが高レベル
チャレンジングスピリット	○未経験でも自分で考えて実行できる
リーダーシップ	○チームを率いて所定の結果を出せる
売り上げ貢献	
安定した勤務	
低コスト	

4

情報収集・応募先発見のためのプログラム

準備期間を終えたら、本格的な求職活動のスタートです。スケジュールにのっとって、情報収集に励み、応募できる会社、希望に合った会社を探していきましょう。

■入社するかしないかは内定が取れてから決める

求職活動を行うにあたって、どのような情報源から情報を得るかは重大な問題です。なぜならそれは応募先を確保するための欠かせない活動だからです。長期にわたって求職活動を続けてしまう方の共通した欠点は、応募数が少ないことです。毎日一種類の新聞を見ることや一週間に一誌求人情報誌を見ることは誰でもしていますが、そのなかでは希望職種に該当する求人は非常に少ないものです。あっても、年齢条件などを素直に吟味すればさらに少なくなります。その少ない情報を前にしても、果たしてその会社の業績はどうなのかとか、仕事はきつくないかとか、さまざまな迷いから応募をためらうことが多いようです。

しかし、あまり気乗りのしない会社であったとしても、そこに応募書類を送ることによって、求職者にどんなデメリットが生じるでしょうか。労力と書類送付のコストくらいのものだと思い

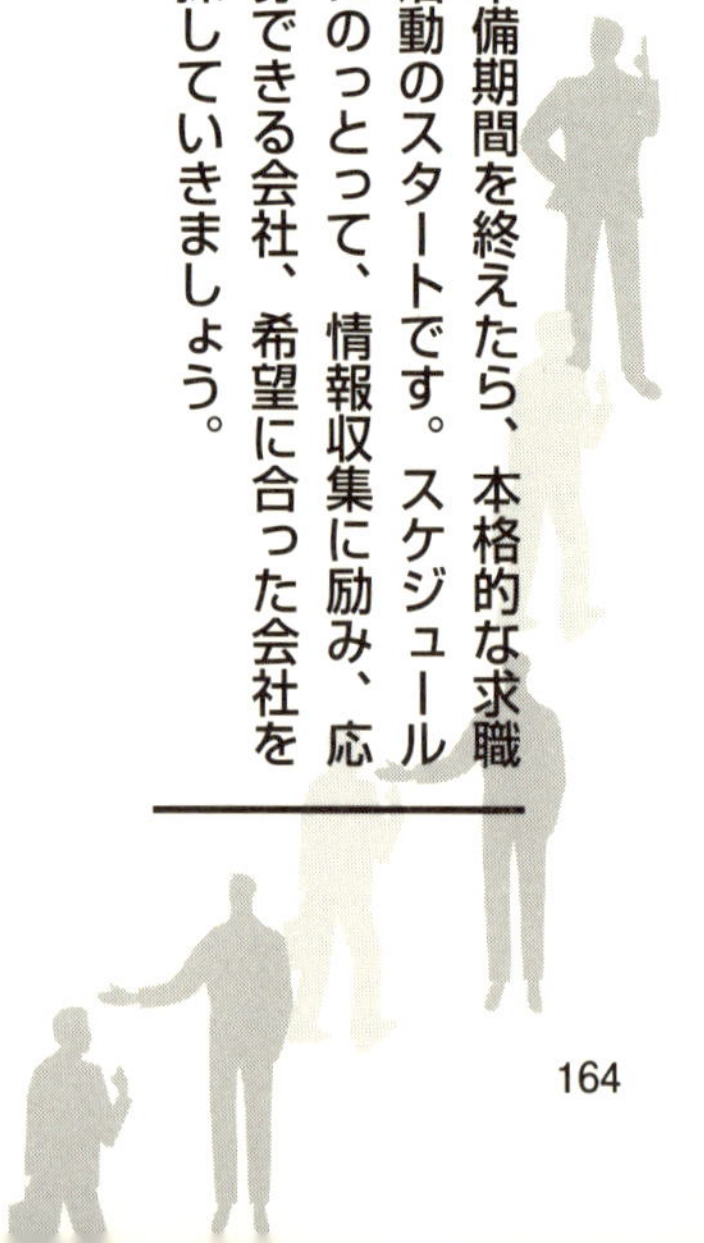

ます。デメリットが生じるとすれば、入社を決めてしまって以降のことです。会社というのは外からデータを見ていても、内実はわからないものです。よくないと思っていた会社が実は自分にとっては最適だったということがないとは限りません。入社を決めるかどうかは、書類を通し、面接をクリアして内定が出てからでも全然遅くありません。まずは内定をもらうことが先決で、たくさんもらった内定のなかでどこを選ぶかに迷うようにならなければなりません。

■情報の徹底的な収集

情報の収集ということで言えば、例えば「新聞を見ている」と言う方は、たいてい一紙か二紙しか見ていません。朝日新聞で探していれば、読売新聞や毎日新聞、日経新聞などは見なくてよいと考えるのは間違いです。各新聞の求人欄にはそれぞれ別の求人情報が載っています。もちろん各紙の求人広告量には差がありますが、少ないからといって見る必要はないとは言えません。こんなことは誰でも知っているのに、一紙か二紙に依存してしまうのは、毎日それだけの数の新聞を取るほどの余裕がないからです。家にじっとしていても入ってくる情報を、お金も使わずに待っていたのでは、どうしても情報を取りこぼしてしまいます。

一番簡単な方法は、図書館に通うことです。図書館には主要全国紙、地方紙、スポーツ紙が毎日、誰でも閲覧できるようになっています。最低でも一カ月分くらいの過去の新聞も簡単に調べられるように保存してあります。週に一度でよいので、これらの新聞にある情報を、一つも漏らさずチェックしてみましょう。

もちろん新聞は単なる一例です。そのほかにも求人誌、人材紹介サービスが提供しているさまざまな情報があります。インターネットの求人サイトを訪れてみてください。膨大な数の求人情報があります。これらの情報源を徹底的に調べると、条件を必ずしも無視しなくても、希望に合った求人が数十件のレベルで見つかるはずです。求人がそんなにあるものかとお思いなら、試しに新聞なら新聞を先ほど紹介した方法で徹底的に調べてみてください。意外に多い結果に、必ず認識が改まるはずです。認識が改まったら、今度は複数の情報チャンネルを使って「多チャンネル化」して精密な情報収集を行っていきましょう。一つのチャンネルだけでは不十分なのです。

キーワード ▶▶▶ 多チャンネル化

求人を探す際に多くの情報源を使って徹底して情報を集める考え方。ネットや求人誌、新聞などの自分で探す情報源のほか、向こうから情報を供給してくる情報源も積極的に利用していく。新着求人を配信するメールマガジン、人材紹介会社、さらに最近はスカウト型の「求職広告」などの新しい仕組みも急速に増えており、それらを徹底して利用し、多くのチャンネルから情報を収集することが、早期就職の大切なポイントになっている。決まったサイトだけ、とか、新聞だけ、職安一本やりなどの方法では、今やほとんど有効な求人を拾えない現実を理解し、それを打破する大切な考え方。

19　情報収集のチャンネル

新聞の例

- 朝日新聞
- 読売新聞
- 毎日新聞
- 日経新聞
- 産経新聞
- 地元の新聞
- スポーツ新聞
- 各種業界紙
- 英字新聞
- 自治体広報紙
- 駅売り夕刊紙
- フリーペーパー

求人情報誌の例

- B-ing
- DODA
- type
- ガテン
- とらばーゆ
- 地元の求人誌
- フリーペーパー
- アルバイト系求人誌
- 女性系高額バイト誌

その他のチャンネル

- インターネットの求人情報サイト
- 人材紹介サービス会社の求人情報
- 人材紹介会社の登録者への紹介
- ハローワーク（およびウェブサイト）
- 人材銀行の求人情報
- 雇用安定センターの求人情報
- 『会社四季報』などの企業情報
- 金融、証券関連ウェブサイトの企業情報
- 各企業のウェブページ

■新聞と求人情報誌の活用法

前ページに掲げた情報チャンネルのうち、新聞については定期的に図書館に通い、複数の新聞の求人情報を徹底的に精査する方法を紹介しました。おそらく、この方法により新聞から得るターゲットになりうる求人情報はほぼ二倍に増えるでしょう。

求人情報誌のほうはどうかといえば、図書館には置いていない場合がほとんどです。情報誌の数も多く、全部をフォローするのは経済的にも時間的にもたいへんです。私が支援を行う場合にも、よほど応募先の確保が難しい方でないと、すべてを精査せよとは言いません。しかし、キヨスクやコンビニに置かれているような週刊の情報誌の中で、中高年、ホワイトカラーの職種が載っていそうな情報誌は、四〜五点程度です。あとは地域の求人情報が載っているフリーペーパーが数種類といった程度が対象範囲なので、がんばれば精査できないことはありません。もしそれで足りなければアルバイト系の情報誌や、自分の趣味の専門雑誌などを当たる手があります。

アルバイト系の情報誌でも、中高年の相談者がたまたま娘の持っていた情報誌に出ていた「正社員同時募集」の広告を見て応募し、現在は多店舗展開する大手スポーツジムの統括次長をやっている実際の例があります。必ずしも効果がないとは言えません。余裕があればフォローしたほうがよいと思います。

情報誌の場合も精密な情報収集を行えば、自分の条件に合致する求人だけで優にそれまでの二倍の量の応募先候補が抽出できるでしょう。「出てきた求人に応募する」というまっとうな方法で応募先が倍にできるわけですから、これに「条件破壊」を適用すれば、標準的な条件の中高年の方なら新聞情報と合わせて週に二〇件のノルマは簡単にクリアできるのではないかと思います。

なお、このような形で求人情報を抽出する場合、必ず情報を整理して保管できる仕組みが必要になります。私は「求人スクラップブック」を用意してそれに活用することをお奨めしています。求人スクラップブックは、また、数が多くなればなるほどきちんと覚えておくことが難しくなる応募先の情報を整理するとき、あるいは一カ月以上前の求人情報をストックしておくときにも有効に機能します。

キーワード ▶▶▶ 求人スクラップブック

発見した求人情報を切り抜き、出た端から時系列で次々に貼っていくために使うもの。市販のスクラップブックを使用。最近はネットでの求人をプリントアウトしたA4判の紙が多発するため、透明なクリアファイルを使用することも。週に20件以上の応募のためには求人探索もスピードが命。どれがどれやらわからん、応募先は出した瞬間忘れる、といった機械的応募状況の中で、面接が入ったときに「こんな会社応募したっけ？」状態で参照するための重大な資料。条件破壊では楽に週20以上は応募できるが、それを支える屋台骨と言ってもいい重要なツール。

■公的職業紹介サービスの活用法

ハローワークや人材銀行をはじめとする公的な職業紹介サービス、民間の人材紹介サービスのビジネスモデルの特徴と利点、短所については二章で紹介しました。ここではそれらを理解したうえで主に民間人材紹介サービスがどう利用できるかを紹介しましょう。

左の表に、代表的な公的機関の求人の特徴を示します。雇用安定センターは在職者専用、人材銀行はホワイトカラー・管理職経験者専用、ハローワークはすべての求職者のための機関と覚えておけばよいでしょう。これらは便利な機関ではありますが、現在では揃って求人の年収条件が民間のサービスよりもやや低めになっていることが見受けられます。

■民間人材紹介サービスの活用法

現在、民間の人材紹介サービス会社へのアプローチはウェブページからの登録がスタートになることが多いようです。そのスタイルには三種類あり、その会社のサイトに自分を登録して、サービス会社からの連絡を待つスタイル、サイトの求人案件を検索して、応募したいものがあれば登録して、サービス会社からの連絡を待つスタイル、そして、サイト内の案件を簡単に紹介してくれるものの、一回目の紹介が不採用だとあとはなかなか次の紹介が来ないスタイル、と分類で

20　公的機関の求人の特徴比較

	ハローワーク	東京人材銀行	雇用安定センター
業務範囲	管轄地域の求人収集／紹介。	求人情報はハローワークと同じ。	在職者のための求人情報のみ。
対象者	すべての失業者、パート、アルバイトで求職活動中の人。	ホワイトカラー、管理職経験者。およそ40歳以上の人が対象。	在職者のみ。
メリット	地元の求人情報が多い。1日の紹介件数に制限はあるが、すぐに紹介してくれる。	求職者の条件によりふさわしい案件を紹介してくれる。	即戦力として転職できる案件が多い。
デメリット	年収が低め。小企業の求人も多い。労働環境が厳しい会社も多い。	紹介数はそう多くない。年収は低め。	年収は低め。

きるのではないかと思います。いずれも、有効な求人案件の紹介を十分受けられる状況とは言い難い気がします。

○人材紹介サービス会社は一〇～二〇社への登録を行う

また、登録時に提供される紹介案件も有効なものとそうとは言い切れないものがあります。例えば、次のようなケースがあります。

①すぐに紹介先の会社名が出てきて、すぐに面接の設定になるか、面接の日時をいつ頃までに連絡する、と連絡日が明確なケース。

②求人企業名は提供されるが、求人案件についてはその企業の幹部と相談して連絡するとするケース。

③もうすぐ有効な求人が出そうな気配なので出たら連絡するというケース（企業名が提供される場合もあればされない場合もある）。

このなかで有効と思われる案件は①のみです。あとは、面接までいくかどうか、曖昧な状態です。有効とは言い切れません。したがって、このような有効でない案件の紹介を見込んで、応募件数を稼ぐためにはサービス会社数社の登録で安心してはいけません。できれば一〇～二〇社くらいの会社への登録をお奨めします。登録はほとんどの場合無料です。

○毎週一度は担当者に電話をする

また、登録したあともそのままではいけません。登録の前でも後でもかまわないので、その人材紹介サービス会社に一度足を運んで、社員とじかに相談してみることをお奨めします。これができない会社もありますが、できるだけそうしてください。そして、相談したあとは、必ず担当者の名刺をもらいましょう。

なぜかといえば、その後毎週一度はその人に電話をするからです。これが実は、人材紹介サービスを利用するときの、私の独自のテクニックなのです。電話は「その後よい案件ありませんか？」で始まり、「ないですか。じゃ、合う案件が出たらすぐにご連絡ください」でクローズする、挨拶のような内容でかまいません。これは担当者に自分を覚えてもらい、絶えず気になる存在にしてしまうためのテクニックです。条件に合致する案件が出てきたとき、真っ先にあなたの顔が浮かぶようにするのです。

より効果的にするには、直接担当者に会うときに履歴書、職務経歴書のほかに自己ＰＲ文も手渡して、会社の面接と同じように自分自身をきちんとＰＲしましょう。同じことを一〇～二〇社の会社に対して行うと、紹介案件が途切れなく提供されるようになります。

あるサービス会社の担当者（コーディネーターと言います）は、一人で二〇〇人もの求職者を担当しているそうです。ある求人案件が出てきたら、その条件に合う求職者をデータベースから検索することになりますが、これがけっこうたいへんな作業なのだそうです。そこで、特に急ぎの案件の場合などには、まず頭のなかにインプットされている毎週の電話の主の顔や声がひらめくのです。そして、多少条件が違っていても、声をかけてくれるという仕組みになるわけです。

また、中小の人材紹介会社は特定の業界、特定の職種に特化した強みを持っている場合があり、担当者もそうした特定の分野に強い人が多いようです。自分の専門分野に強いサービス会社や担当者が見つかれば、さらに合理的、効率的な情報収集が可能になります。

基本的には、人材紹介サービスからの紹介は、登録したまま待っているだけの状態だと、ほとんどゼロというのが実情です。ところが、一〇~二〇社への登録と、そのすべての会社への毎週一度の電話を繰り返していれば、少なくとも週に一件程度の紹介があります。これは、誰がやってもそうなっています。先にも触れたとおり、人材紹介サービス業者が現在は一番条件のよい求人案件を持っていると考えられます。ぜひ、このテクニックをお使いください。

■インターネットの活用

次に、転職情報収集メディアとして大本命とも言えるほど成長したインターネット上の求人情報を紹介しましょう。インターネットには、今では他のメディアがとても太刀打ちできないほどの膨大な求人情報が提供されるようになりました。ハローワークや一部の人材銀行などでもウェ

21　人材紹介会社の検索サイト

人材バンクネット

全国の人材バンクが集まる集合サイト。求人情報も提供しているが、人材バンクそのものやキャリアコンサルタント、各種セミナーなども検索できる。人材紹介会社の所在地域や得意な紹介分野、得意な募集内容（外資系、大手・上場、ベンチャー、中高年・再就職支援など）、求めるサービス（キャリアシート添削、適性診断など）を検索条件にすることが可能。

http://www.jinzai-bank.net/presonal/personal_gst/home.cfm

[en] 転職コンサルタント

236の人材紹介会社の詳細情報を掲載（2004年7月現在）。各会社の特長を分類し、業界別に「強い」会社が検索できる。また、同ページでそれら人材紹介会社の求人情報も検索可能になっている。会員登録（無料）を行えば、「WEBレジュメ」と呼ばれる職務経歴書をデータベース登録することができ、匿名でスカウトを受けることができるのも特長。

http://www.en-japan.com/

日本人材紹介事業協会

キーワードと地域を入力することで同協会の会員企業434事業所（2004年7月現在）の情報が検索できる。「サーチ型」「一般登録型」「再就職支援型」の三つのサービス形態に業態を分け、それぞれの事業所の「アピールポイント」と「得意分野・主な紹介職業」、事業所の概要やウェブページへのリンクが確認できる。

http://www.jesra.or.jp/

ブページでの求人情報検索が可能になっていますし、民間の人材紹介サービスも積極的にウェブでの情報提供を行っています。

また、「しごと情報ネット」やインフォシークの求人情報提供サイトのように、多数の求人メディアが参加して、サービス業者がそれぞれに持っている求人案件を横並びに検索できるサービスも増えています。

さらに、無数にある企業サイトには、必ずと言ってよいほど「求人」「人材募集」のページが加えられるようになりました。もっともそこにアクセスすると「新卒のみ」であったり「現在は募集中止」だったりすることも多いのですが、なかには具体的に必要なスキルや年収条件などの細かいデータまで常に公開しながら募集している企業もあります。これらの企業サイトから検索ロボット方式で求人情報を巡回収集する検索エンジン（JobEngine）もあります。

まさにインターネットは求人情報の宝庫といってよいでしょう。常に少なくとも数十万件の情報があるようです。しかし、実際に情報収集してみると、検索はひと苦労で、思いがけないほどの時間がかかることがしばしばです。しかも自分の条件に合った求人となると、他のメディアと同様に、ほんのひと握りの案件があるだけです。もっとも、ここにも「条件破壊」のテクニックは適用できます。案件自体は豊富にありますから、条件さえ無視すれば、体力が許す限り応募できてしまうのがインターネットです。現代の転職活動には、必須の道具といえます。

22　求人サイトの利用法

ハローワークインターネットサービスの場合

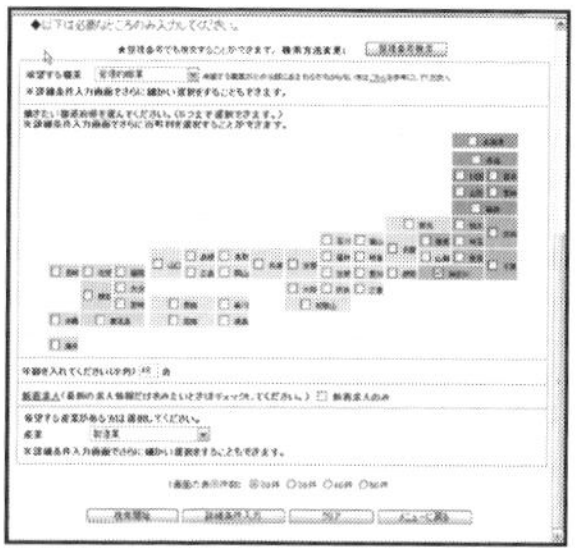

◀地域（都道府県）を選択し、年齢や就業形態、月給、業種などを入力します。

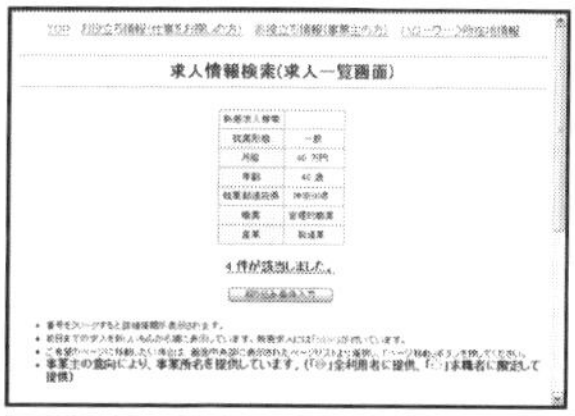

◀検索が行われます。

◀該当する求人案件が表示されます。

関心のある案件を選ぶと詳▶細情報が参照できます。
これを印刷して紹介を依頼するか、自分で応募します。

・**JOB DIRECT（ジョブダイレクト）**　http://www.jobdirect.jp/

企業、機関がウェブページで公開している求人情報（中途採用正社員・契約社員の情報のみ）を検索、閲覧することができます。1万件を超える求人情報が日々更新、変化しています。

・**JapanTimes Jobs**　http://job.japantimes.com/

特に英語を使う仕事や外資系の会社を狙う方には有益なサイト。他にはない求人が載っています。履歴書他、応募書類は英語のものが必要となるケースもあります。

・**人材バンクネット**

http://www.jinzai-bank.net/personal/personal_gst/home.cfm

人材紹介業の集合サイト。得意分野や特徴で紹介業を分類してあり、希望職種に強い紹介会社を探すには最も使えるサイトの一つ。紹介業への登録も支援プログラムでは重要な求人チャンネルとなるので、登録会社数を増やす際に使うサイト。

・**東京人材銀行**　http://www.tokyo-jingin.go.jp/

ホワイトカラー管理職経験者に特化した政府系支援機関。全国主要都市に配置された人材銀行の東京支店。各地方においてはそれぞれの人材銀行を検索して見つけてください。登録して紹介を待つ形ですが、求人情報も掲載されており、検索も可能。

・**産業雇用安定センター**　http://www.sangyokoyo.or.jp/

在職者に特化した支援機関。政府方針「失業なき労働移動」具現化のための半官半民組織。在職者の方は登録した上、該当案件があれば仕事の紹介を受ける、という形。

＊各サイトの概要および情報件数は2004年7月現在のもの。

23　インターネット上の情報チャンネル

・Google（グーグル） http://www.google.co.jp

言わずと知れた検索サイトの雄。検索するならまずはここから、はネットの原則と言えます。

・ハローワークインターネットサービス

http://www.hellowork.go.jp/

全国のハローワークの求人が検索可能。40万件あまりの求人情報が掲載されています。ウェブ上での求人検索の基本と言えます。

・しごと情報ネット http://www.job-nct.jp/

全国のハローワークの求人に加え、自治体系機関や紹介業、派遣業などの情報も載っている日本最大級のサイト。50万件弱を掲載。

・転職ー infoseek 求人情報

http://career.www.infoseek.co.jp/JobRegular/SEEK/jr_index.html

八つの求人情報サイトの求人情報がまとめて検索できるサイト。キーワード、職種、地域などの条件で求人情報の検索が可能。人材紹介会社の検索機能もあります。

・Yahoo! リクナビ http://rikunabi.yahoo.co.jp/

ヤフーとリクルートが共同で提供している雇用情報提供サービス。転職のためのリクナビNEXT、人材バンクのエイブリックNETや、アルバイト系、派遣系、起業系、新卒者向けのサービスが利用できます。

・JobEngine（ジョブエンジン） http://www.jobengine.jp/

自動巡回ロボットサーチが各企業のWebページを探し、その中の求人情報ページを自動的に検知・収集し、更新も反映する画期的サイト。求人情報を3万5000件ほど掲載しており、他の求人情報サイトにはない求人も含めてワンストップで閲覧できます。

■縁故者、知人、友人のチャンネルの活用法

ほかのどの方法よりも、案件が得られたら成功する確率が高いのが縁故者、知人、友人のチャンネル、いわゆる「コネ」ルートです。これはもともと競争者がいないチャンネルなのです。ぜひ活用していただきたいのですが、どうも人気がありません。それは、特に中高年には「求職中である」ことを縁者などには言いたくない、あるいは援助を求めることをプライドが許さないという思いが強いからのようです。

こんなこともありました。私のところにみえた相談者のKさん（五〇歳）は、営業管理職を務め、有力な人脈をたくさん持っていました。私はそのルートで推薦状をいただくようにとKさんに指示していました。ところがいつまで経っても推薦状はもらえません。普通はこのチャンネルを利用してこんなことはないのです。いぶかる私の前で、Kさんは元気なくうつむくばかり。

ところがある日、Kさんが久しぶりにニコニコとしてやって来ました。聞くと、「入社を決めてきました」と言うのです。びっくりする私にKさんは「実は佐々木さんにウソをついていたんです」と打ち明けてくれました。本当はコネルートの豊富な人脈の誰にも推薦状の話などしていなかったのだと。私が「推薦状、推薦状」とあまりせっつくものだから、とうとうKさんは恥ずかしさをこらえて昔の上司や同僚に事情を話したのだそうです。

「まさかKさんがそんなに追い込まれているとは思わなかった」と驚いた彼らは、推薦状を書くまでもなく、直接入社先の企業を次々に紹介してくれました。その数は合計八社になったそうです。その中で最終的に一社を選び、その日はそれを私に報告に来てくれたのでした。

「初めから素直にコネルートの方法を実行していれば、とも思います。でもなかなか自分から助けてくれとは言えなかったんです。推薦状を絶対取ってこい、と言われたときは、ほんと、一番きつかったですよ。でも、困ったときに『助けてくれ』と言うことがどんなに大切か、よくわかりました」と、Kさんは少し恥ずかしそうに、でもどこか晴れやかに言いました。

この事例を経験した私は、また一つの、誰にでも利用できるセオリーを発見しました。

・困ったときには素直に困ったと助けを求める。

これは、転職法というより「心がまえ」になりますが、私はその後、このセオリーを応募方法のテクニックの一つとして、自信を持って転職アドバイスに生かしてきました。

コネルートは、転職にあたって効果抜群の貴重なチャンネルです。このチャンネルを持っている人はそういないのですから、プライドはさておいて、ぜひ活用していただきたいと思います。

5

応募のためのプログラム

さまざまな情報収集チャンネルを活用して求人情報が入手できることがわかりました。今度はそれをどのようなスケジュールで実際の応募活動に生かすのかを見ていきます。

■全体スケジュールと一週間単位の応募スケジュール

ここからが転職活動の本番です。「始動計画」を終え、「通常計画」が始まります。転職活動の期間は二カ月と設定した場合、最初から忙しい毎日になるはずです。前出の全体スケジュール表を見てください。目標日に就職するためには、面接がこれから三週目の中頃に始まり出していなければなりません。書類を送ってから、企業がそれを審査し、面接予定日通知、あるいは不採用通知を発送して届くのに、およそ一〜二週間かかります。

書類を作成して志望企業に送る応募活動は、精一杯長くとっても五週間です。この間に、できるだけ多くの応募を行う必要があります。情報を入手した日、応募する日、人材紹介サービスに電話をする日など、作り上げた転職の方法に基づいて行ったことと行うべきこととを、一週間のスケジュール表に書き込んでいきます。特に応募数は週の合計と累計を記入します（図）。

24　「通常計画」のスケジュール表（例）

１週目のスケジュール

日付	○月１日（月曜日）	○月２日（火曜日）	○月３日（水曜日）	○月４日（木曜日）	○月５日（金曜日）	○月６日（土曜日）
実行予定	書類作成	人材紹介サービス会社訪問（４社）	書類送付	人材紹介サービス会社訪問（４社）	ハローワークで情報収集	来週の応募先リスト作成
応募件数			20	1	1	
応募累計	0	0	20	21	22	22

２週目のスケジュール

日付	○月８日（月曜日）	○月９日（火曜日）	○月10日（水曜日）	○月11日（木曜日）	○月12日（金曜日）	○月13日（土曜日）
実行予定	書類送付 求人誌、新聞調査（図書館）	人材紹介サービス会社訪問（６社）	昨週訪問した人材派遣会社に電話	インターネット求人サイトで応募	ハローワークで情報収集	来週の応募先リスト作成
応募件数	10	4	2	5	1	
応募累計	32	36	38	43	44	44

＊新聞や情報誌の求人情報から得た求人リストをもとに、毎週20社以上への応募を最低条件にして書類を送付します。
人材紹介会社への訪問（事前に登録済み）を行い、担当者の名前と電話番号をメモし、翌週から毎週定期的に電話します。

さらに、ハローワークやインターネットの求人サイトなども定期的に訪問、チェックし、応募できる案件があれば応募します。

■面接につながる書類は一〇のうち一つ

書類応募は多ければ多いほど、面接につながる可能性が高くなります。とはいえ、労力がかかりますから一週間に応募できる数は限られます。一般の求職者の方は、週にいくつの応募を行うなどとは考えておらず、たいていはよさそうな求人を見つけたら応募してみるという方法を取っています。これでは応募数はよくても週に三、四社くらいのものでしょう。条件が非常によくて書類を送れば必ず面接に至るような超優秀な求職者ならこれでもよいでしょうが、中高年などの条件の厳しい求職者が応募すると、面接につながるケースは一〇分の一程度なのです。二〇社送れば二社、三〇社送って三社というときに、三、四社にしか応募できないのでは、面接につながるのは至難の技と言ってよいでしょう。

■一週間の応募は二〇社が目安

したがって、私の支援を受ける場合には、標準的なレベルの条件を持つ相談者には一週間に二〇社以上の応募ノルマが課されます。比較的求人情報が見つかりやすい相談者には三〇社にします。そのくらいの数を送らないと、ほとんど面接に至ることができないのです。その代わり、二〇社以上送ると面接まで行ける可能性はグンと高くなります。これも不思議なところですが、実績の統計値としてそんなデータが出ています。

一週間に二〇社というのは、最初は努力しないと達成できない数です。応募する手間をかけることはできても、求人情報をそれだけの数確保することが難しいこともあります。「精密な情報収集」を行っても、求職者が決めた第一志望の職種だけではとても無理という場合があるためです。

■応募の優先順位

もしも二〇社なら二〇社の応募ノルマが達成できそうもない場合には、応募先を増やさなければなりません。このような場合のために、事前に第二志望、第三志望の職種を考えておくべきです。優先順位の高い順に職種を絞り、求人情報を探します。第二志望の職種でも足りなければ第三志望の職種を探します。とにかく、一週間の応募数を厳守することが至上課題です。

キーワード ▶▶▶ 週20社

どのくらいの会社に応募するのか、の一つの目安。週20社の応募を確保できれば、週に数社の面接が常に実施され、2カ月での複数内定はほぼ確実になる。逆に週20社を下まわると面接実施数がガクッと落ちる。今までの支援実績からのデータで算出。2カ月で内定するためのボーダーラインと思われる。週に20社の応募先を確保する方法としては「精密な情報収集」「条件破壊」「応募先の優先順位」「人材紹介サービス会社への週1回の機械的な電話」などがあり、それぞれを確実に実行することで無理なく週20社の応募はクリアできる。

■条件破壊による応募先の検討

ただし、第二、第三の志望職種を探す前に検討しておくべきことがあります。それは「条件破壊」応募を行うかどうかです。条件破壊とは、求人情報にある年齢制限などの条件を無視して応募することでした。求人情報の条件を無視するなら、第一志望の職種でも求人案件はたくさんあるはずです。一週間の応募ノルマの不足分を、第一志望職種への条件破壊応募で埋めることができるかもしれません。もう一度第一志望の職種の求人情報を精査して、条件破壊応募にふさわしい応募先を探してみるとよいでしょう。

とはいえ、条件破壊応募では必ず「なぜ求人条件を無視したのか」の理由を添えなければなりません。理由としては、「(求人案件よりも上位の)管理職として採用してほしい」というようなことを書き添えます。これがないと、単に無茶な応募と取られてしまいます。しかし、もしもそのような理由を添えてまで条件破壊応募をしたくないと考える場合には、第二志望の職種で求人条件が合う案件を探すことになるでしょう。

もっとも、私自身は多少の勇気をふるっても条件破壊応募を選んだほうが得策だと考えます。私の支援による転職では、指定された応募書類(たいていは履歴書と職務経歴書のみ)だけでなく、指定されていなくても「自己ＰＲ文」を添付することになっています。これはもともとは条件のよくない求職者が書類審査で不採用になるのを防ぐために導入したルールですが、履歴書や職務経歴書には表れない求職者の意欲や情熱を表現することができ、これまでにたいへん多くの転職を成功させたツールです。自己ＰＲ文を添えることにより、「条件を無視」したマイナスよりも、意欲や情熱に対する期待というプラスが上回ることが考えられ、管理職としての別枠での採用を検討してもらえる可能性が高いと思っています。

■どんな手を使っても、応募ノルマは厳守する

第一志望職種への条件破壊応募や第二志望職種のノーマルな応募でもだめなら、今度は第二志望職種の条件破壊応募や第三志望職種のノーマルな応募を行います。さらに縁故者、友人、知人の「コネ」も利用してみましょう。

ポイントは、確実に数値目標を守り、応募のペースを崩さないことです。この期間は、ひたすら大量の応募に集中すべきです。優先順位の低い応募先へもあまり考え込まないで応募していくことが肝心です。書類選考も通っていないのに考え込んでいるよりも、その暇に一件でも多くの応募を行いましょう。面接が入ってから、あるいは内定が決まってから考えたっていいのです。

このようなペースで応募を続けていくと、二週目くらいから、本当にたくさんの面接が入るようになっていきます。

6

書類作成のためのテクニック

定型の書類による「データ戦」で不利な立場に立たされる求職者は、「自己PR文」と「志望動機」に劣勢を挽回する期待を込めて集中するのが一番です。

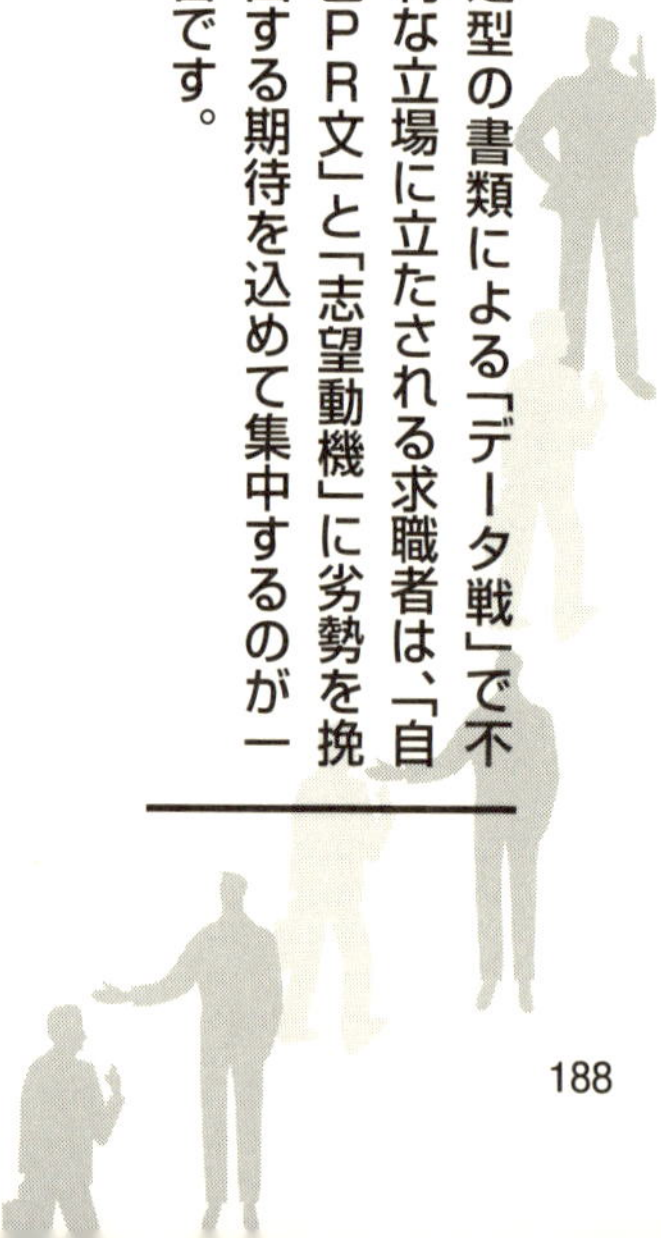

■「データ戦」を戦うのが履歴書・経歴書

応募書類といえば履歴書と職務経歴書のこと、というのが一般的な解釈です。求人側にとってみれば、端的に求職者の経験や職能が把握できる便利な書類ですが、年齢的な不利を抱えていたり、度重なる転職の過去を持っていたりする求職者は、できれば書きたくないと思っているに違いありません。しかしこれらの書類が整っていないと応募ができないのですから、嫌でも書かなければなりません。これら書類に表れる求職者のデータは、まず求人条件に合致するかどうかでふるいにかけられ、次にほかの応募者のデータと比較されます。そこではデータとデータがぶつかる「データ戦」が応募者間で展開されるのです。中高年であったり転職を繰り返しているなどの「弱い」データは、若者や「きれいな」履歴・経歴を持つ人の「強い」データに負けてしまうことがほとんどです。したがって書類審査に通過できません。

■「志望動機」と「自己PR文」が差別化のカギ

履歴書・経歴書だけで勝負をしていては、不利な条件を持つ求職者は「強い」データを持つ応募者がいない案件でしか勝つことができません。それは往々にして年収の低い案件であったり、労働条件の悪い職場であったりすることでしょう。しかし、特に中高年の方は家庭を持っていたり住宅ローンを残していたりするために、年収のダウンは若い人に比べてより大きなダメージとなります。

前職と同レベル以上の年収を確保したいと思う求職者は、競争相手とどう戦えばよいでしょうか。それには、データ上での戦いで他の応募者に勝てそうな応募先を探すのではなく、データ戦とは違う土俵で戦えるように仕向ける必要があると思います。そのためには道具立てが必要です。それが「自己ＰＲ文」です。私の転職支援では、履歴書・経歴書・自己ＰＲ文の三点セットが「応募書類」になっています。自己ＰＲ文の提出を指示する求人情報はほとんどありません。それでも他の書類に添えて送るのです。履歴書・経歴書には、データ以外のことはほとんど記入できません。唯一、自分の思うところを書けるのが「志望動機」欄です。しかし、これだけではデータ戦という選考方法から抜け出せる見込みは少ないと思われます。そこで、自己ＰＲ文を添えて、自分の思うところ、意欲、情熱などを表現し、他の応募者の書類とは画然と差別化することが必要になるのです。

自己PR文の考え方と作成法については別項にし、ここでは、履歴書の「志望動機」にどのような内容を記入すべきかについてのみ紹介しましょう。

■志望動機の書き方

履歴書の内容には特に難しいところはありませんが、「志望動機」の欄だけは異色です。ここには求職者が思うことを記入することができます。しかし、実際には志望動機を書くのが苦手、どう書けばよいのかわからないという人が多いのです。

一番よくある記入例は、「前職の経験を生かせると考え応募しました」というものです。これでは、採用側が「いや、生かせそうにない」と考えればそこで終わってしまいます。

志望動機欄は、求職者の意欲を示せる唯一の場所です。そこではぜひ「情感」表現をしてほしいと思います。

物事の理解の仕方には「理論理解」と「感情理解」があり、人が動かされるのは「感情理解」が成り立ったときだと言われています。履歴書は「理論理解」すべき項目の塊です。そのなかに「志望動機」だけが「感情理解」を可能にする項目なのです。営業用語に「情感トーク」という言葉があります。理屈では商品を購入したほうがよいと納得していても、顧客が購入決定をためらっているときなどに、「情感トーク」が登場します。

「ぜひあなたと一緒に仕事がしたい」とか「家族のためじゃないですか」とか「部下や会社のためを思ったらこれは立派なご決断ですよね」という、理屈では何を言っているのかわからないようなことをわざと言って、相手の「感情理解」の部分を刺激するのです。

志望動機は「情感トーク」です。理屈で否定できない内容にして、相手の「感情理解」に訴えます。

例えば「営業トップという大きな夢をぜひ実現したいと思っています」。

これは否定されても「何と言われてもその思いは変わりません」と言えば、

キーワード ▶▶▶ 情感トーク

理屈では落ちない客を落とす凄腕営業マンの究極の武器。「私を男にしてください」「あなたのようなすばらしい方とぜひ仕事をさせてください」「ホントにご縁がありますね」など、およそ理屈では意味不明の言葉を契約圧力が最高のときに意図的に撃ち込んで、契約締結に持ち込む方法。人は理屈では動かない、という特性を知り抜いた凄腕営業がここ一発で使う殺し文句。転職の応募書類で使う「自己PR文」の「共感」という概念は実はここから派生した概念。つまり、職歴、学歴、年齢などで勝負になりにくい応募書類でも、「自己PR文」の「共感」＝「情感トーク効果」によって、「書類で不採用にはしなくてもいいだろう」という形に持っていくのが、転職活動での活用法。書類さえ通って面接になればこっちのもの。履歴書、職務経歴書では表現できない努力、実績、達成感などを表現するための重要な概念。実際「自己PR文」添付後は驚くべき高さの書類通過率に。自分の売りを伝えるための重要な概念。

理屈ではもはや何も言えません。つまり話が噛み合わず相手は否定しきれません。したがって、志望動機はまず、「……したいと思います」「……と願っています」「……という決意です」のように、感情的、願望的表現にすることがポイントです。

あとは、あなたが書く内容が相手に響くかどうかの勝負です。これは会社の目指すところを調べてそれにフィットする内容にしたり、自信のある内容をそのまま熱く語るなどのバリエーションがたくさんあります。「履歴的にはいまいちだけど、結構いい感じだよね」と、採用担当者に思わせたらしめたものです。志望動機は「情感トーク」で。これが志望動機欄を書くための最大のコツだと思います。

25　履歴書と経歴書作成のポイント

全般

短く簡潔な送付状を添付すること。
履歴書、職務経歴書に自己 PR 文を加える。
封筒は A4 判が折らずに入れられる大きいもので。
厚紙かクリアファイルで折り目がつかない工夫を。
封筒には朱書きで「応募書類在中」と適度な大きさで記載。
丁寧で、大きめで、はっきりした宛名。
部署は御中、個人は「採用御担当者様」など宛名への配慮も。

履歴書

字が丁寧。修正液は使わない。
誤字脱字がない。
全体のデザインバランスが取れている。
発送日の日付が記載されている。
写真は明るく若々しいものを。
モノクロ、スピード写真は使わない。
学歴の記載は中学か高校卒業からで OK。
原則として空欄はなくす（趣味、特技欄なども）。
志望動機として考えや思いをきちんと書く。
退職理由は「都合により」や「会社都合により」とする。
細かい仕事内容は不要。

職務経歴書

ワープロ打ちできれいにプリントする。
A4 サイズで２枚以内にまとめる。
日付、住所、氏名、連絡先を必ず記載する。
見出しは階層化し、見やすいレイアウトに。
箇条書きが中心で、表現も簡潔である。
実績、成果を明確に書く。
他職種に展開可能な「できること」がわかる。
これからチャレンジしたいことが読み取れる。

7

自己PR文作成のテクニック

書類審査の通常の流れをはみ出す異色の応募書類が自己PR文です。しかも中身は求職者の自信と意欲にあふれています。採用側の心を動かし面接に近づく大事なツールです。

■他の応募者との決定的な差別化につながる自己PR文

自己PR文は、履歴書の志望動機欄と同様に求職者の「意欲」や「熱意」を採用側の情感に訴えながら伝えるための重要なツールです。志望動機欄という小さな部分では書くことができない豊富な内容を、A4サイズの用紙に記入します。

自己PR文は志望動機欄と同じ役割も果たしますが、もっと強力に、求職者の選考そのものを他の応募者に対して行う通常の選考とは別の流れへと変えてしまう力を持っています。

まず第一に、自己PR文は指定された応募書類ではありません。採用担当者はその異色の応募書類にまず興味を持つでしょう。そしてそれを読むと、ただならぬ内容です。そこに書かれているのは、①会社（求人企業）に求職者がもたらす利益の表明としての題名、②求職者の最大のセールスポイント、③自信の裏づけになっている過去の実績やエピソード、④題名で表明している利

26　自己PR文の例

売上げを２倍にします

山田　利夫

私は御社の売上げを１年で２倍にする自信があります。

なぜなら、今まで支店長としてそれを達成してきた実績があるからです。

目標が達成できない最大の原因は社員が仕事に情熱を持てなくなっていることです。

私は部署の一人ひとりと個別面談を繰り返し、問題点と課題を行動レベルに落とし込んでいく作業を徹底して繰り返します。面談の繰り返しによって、社員は自分を認められる喜びを感じ、自分の能力に気づき、持てる力を最大限に発揮しようと、心から思うようになります。

私はそれを管理職として数えきれないほど実践し、どのような資質の社員であっても、必ず目標をクリアさせる自信があります。

御社に採用されましたら、私の経験で得たノウハウを最大限に発揮し、また、新しいことにもどんどんチャレンジして、必ず目標を達成し、御社の繁栄に十分な貢献ができると自負しています。

つきましては、まず面接をしていただき、私の自負の真偽をぜひ直接はかっていただけたらと思います。

お返事をお待ち申し上げます。

益を実現する自信、⑤入社後の求職者の仕事イメージ、⑥面接の要求、⑦結語……です。全体として、大きな利益を会社にもたらすことができるということを、きわめて簡潔な形で表明しています。その自信の理由を示す過去の経験は、目標を達成するために求職者が行ってきた実際の事例を紹介しながら、求職者が何を考え、何に意欲を燃やして目標を遂行したのかが語られています。しかも情熱的に。

このような文章を読んだ相手は、多かれ少なかれ心を動かされるはずです。例えば、人事部の採用業務の担当者は、郵送されてきた書類の封筒を開けると中身を取り出し、封筒は別にまとめ、送付状も確認したら別にまとめてしまいます。そして規定の応募書類があることを確かめ、年齢条件などの基準により書類を仕分けしていきます。そこに自己PR文が出てくると、どうしても作業の手を止めて、とりあえず読んでしまうものなのです。読んでしまうと、上手に作られた自己PR文であれば、履歴書などにある条件が基準に満たないものであっても、すぐに不採用のほうに仕分けする気にならないものです。誰かほかの人にもこの文章を見せたいという心理が働くのです。それは同じ立場の社員かもしれません。しかし同じ立場の社員では、同様にこの書類をどうすべきかの判断に困ることになります。そこが狙い目です。

多くの場合、自己PR文が添付された応募書類は、一段高い意思決定者、おそらく人事部の課長や部長といった職制の人に渡されます。中小企業なら社長に渡されることもしばしばです。そこで判断を仰ごうというわけです。

そこで同じように心を動かされ、興味を持ってもらえば成功です。企業にとっては面接まではリスクがほとんどありませんから、興味を持った求職者なら面接をセッティングしてもらえます。面接まで至れば、あとは面接時のテクニックを使って内定に持ち込む流れになります。本当にそうなるのかとお思いかもしれませんが、この効果は絶大といって過言ではないのです。「条件破壊」応募を私の支援サービスの利用者のほとんどが行いますが、それが成功する要因の最も大きなものが自己ＰＲ文の添付だと思っています。

■自己ＰＲ文の文章の特徴

自己ＰＲ文は、基本的には求人企業に対して自分の価値をアピールし、自分がどれだけ求人企業のために働けるか、利益をもたらすかを語るものです。しかし、それを事務的に淡々と述べたのでは決して読む人の「共感」は得られず、読む人を何か特別な行動に走らせることはできません。自己ＰＲ文の本当の主題は、題名に掲げる企業への利益の約束ではなく、過去のエピソード部分の物語のなかの「汗」「涙」「情熱」……なのです。このテーマが共感を呼び、情動を生み、読む人を行動（不採用への仕分けを保留するなど）に走らせるのです。人は理屈では動きません。共感によって動くものだと思います。

私を採用したときの会社のメリット

③ PR ポイントの内容で力を発揮したとき、会社に起こる現象を具体的に書き出します。

「私は○○します」という形のフレーズ化

④会社に起こる現象のうち一つをフレーズ化してタイトルにします。

⑤下のような形でこれまでの結果をまとめ上げます。

題　名	売上げを2倍にします
	山田　利夫
PR ポイント	私は御社の売上げを1年で2倍にする自信があります。 なぜなら、今まで支店長としてそれを達成してきた実績があるからです。 目標が達成できない最大の原因は社員が仕事に情熱を持てなくなっていることです。
自信の理由を示す具体的なエピソード	私は部署の一人ひとりと個別面談を繰り返し、問題点と課題を行動レベルに落とし込んでいく作業を徹底して繰り返します。面談の繰り返しによって、社員は自分を認められる喜びを感じ、自分の能力に気づき、持てる力を最大限に発揮しようと、心から思うようになります。 私はそれを管理職として数えきれないほど実践し、どのような資質の社員であっても、必ず目標をクリアさせる自信があります。
だめ押し（念押しを強く短く）	御社に採用されましたら、私の経験で得たノウハウを最大限に発揮し、また、新しいことにもどんどんチャレンジして、必ず目標を達成し、御社の繁栄に十分な貢献ができると自負しています。
面接要求	つきましては、まず面接をしていただき、私の自負の真偽をぜひ直接はかっていただけたらと思います。
結　び	お返事をお待ち申し上げます。

27　自己PR文の作成法

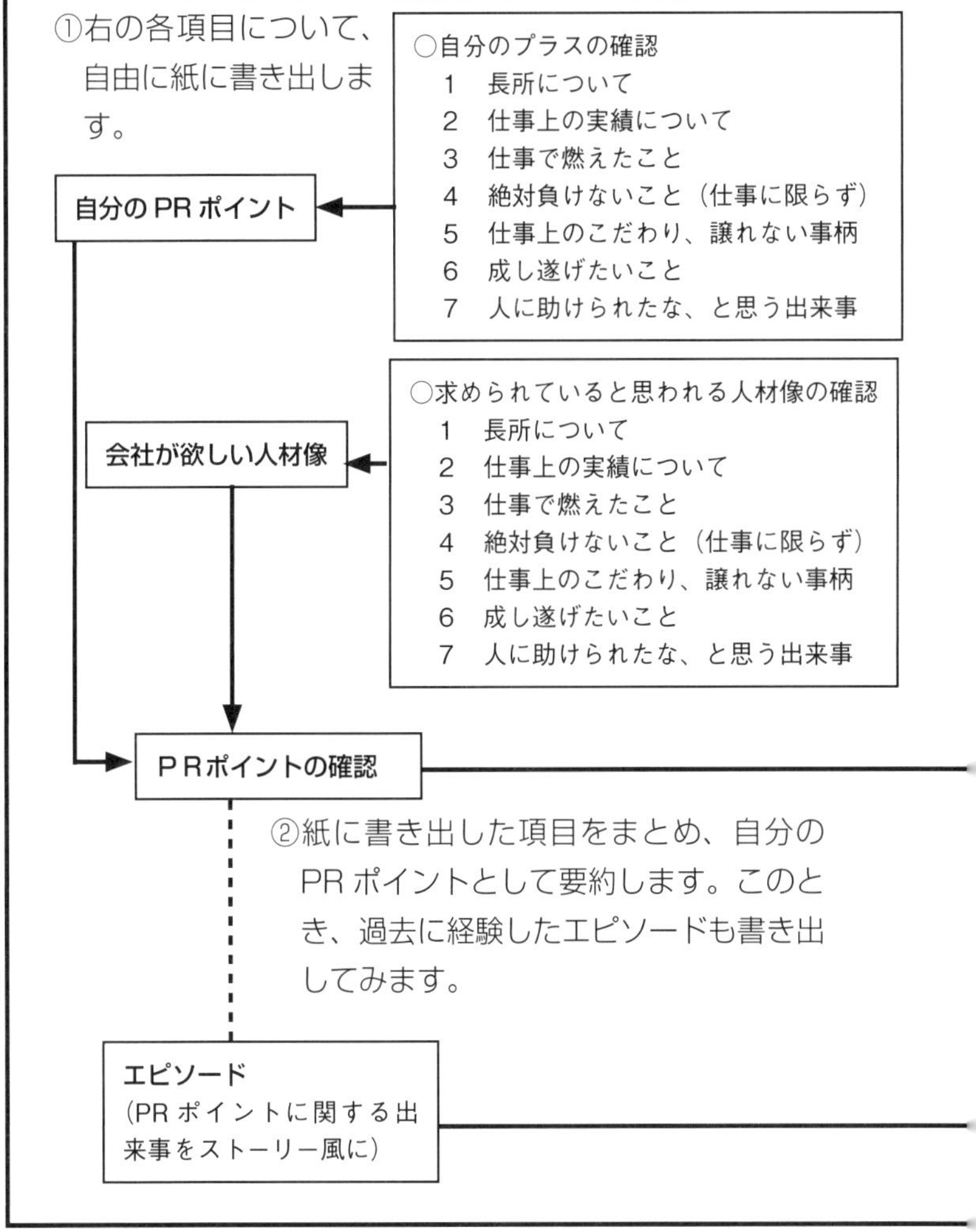

①右の各項目について、自由に紙に書き出します。
○自分のプラスの確認
1　長所について
2　仕事上の実績について
3　仕事で燃えたこと
4　絶対負けないこと（仕事に限らず）
5　仕事上のこだわり、譲れない事柄
6　成し遂げたいこと
7　人に助けられたな、と思う出来事
自分のPRポイント
○求められていると思われる人材像の確認
1　長所について
2　仕事上の実績について
3　仕事で燃えたこと
4　絶対負けないこと（仕事に限らず）
5　仕事上のこだわり、譲れない事柄
6　成し遂げたいこと
7　人に助けられたな、と思う出来事
会社が欲しい人材像
ＰＲポイントの確認
②紙に書き出した項目をまとめ、自分のPRポイントとして要約します。このとき、過去に経験したエピソードも書き出してみます。
エピソード
（PRポイントに関する出来事をストーリー風に）

8

面接成功のテクニック

内定獲得まであと一歩に迫りました。面接時の「二つの質問」、面接後の「企画書」作成・提出を通して、確実に内定を得るための秘策を紹介しましょう。

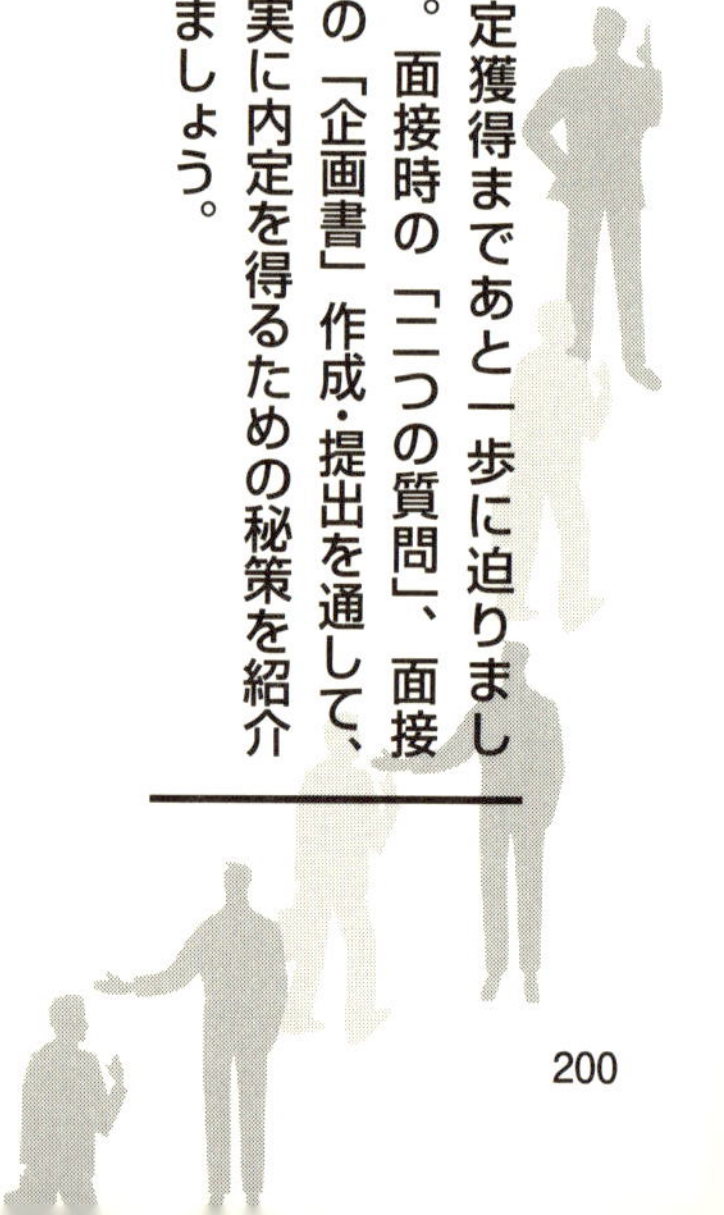

■内定を確実にする面接のワザ

面接時の「二つの質問」、面接後の「企画書」の提出は、再度の面接（面談）を呼び込む効果抜群のテクニックであることは先にも述べました。ここではより詳しくその方法を紹介しましょう。加えて、内定を取るのに絶大な効果を持つ「丸のみ内定」のテクニックや、また、面接での受け答えに関する技術を磨くトレーニングの方法のいくつかも、ここで紹介していきます。

■「二つの質問」のもう一つの効果

「二つの質問」とは、「今回はどんな人を採用する予定なのですか？」と「それはなぜですか？」というものでした。面接のときにこの二つの質問を面接担当者に対して発することにより、企業が抱えている課題などを理解しようとするものでした。その結果は面接後の企画書作成に反映され、企画書の提出により再度の面接（面談）へと結びつけようというのが先に述べたテクニックです。ところが、「二つの質問」は同時にもう一つ別の働きもしているのです。それを紹介しましょう。

例えば商品を売るとき、優秀なセールスマンは「買ってください」とはあまり言いません。いろいろな手段を駆使してお客さまに「売ってください」と言わせてしまいます。もともと欲しかった商品の条件と多少違っていても、買ってしまうのです。実は、「二つの質問」にはこのセールスマンのテクニックが隠れているのです。

二つの質問を行うと、面接担当者は「これこれこういう人が欲しい」、「こういうことをしてほしいからだ」と答えてくれます。それを真剣に聞き、必ず確認してください。「それはこういうことですか？」と、何度かやり取りできれば理想的です。それができればあなたと面接担当者との間で、「欲しい人材」のイメージがだんだんはっきりとしてきます。あなたと面接担当者と共同作業でそのイメージを作り上げましょう。そのことにより、担当者とあなたは、会社の求める人材像についての思いを共有できたことになります。また、求められる人材像は会社の課題と結びついていますから、これについても考えを共有できたことになります。面接で会社の課題についてまで、採用側と求職側とが思いを共有した感覚が生まれることは、普通は考えられないことなのです。当然、面接担当者にとってかなり印象深い面接になります。そしてさらに、「こんな人が欲しい」イメージを担当者がたくさん口に出すことで、あたかもあなたがそのイメージの人である、あるいはそれに非常に近い人であるかのように思えてくるのです。それはある種の「錯覚」です。面接担当者は自分で話した「こんな人が欲しい」イメージを、あなたが一番理解している、と思うようになり、そのイメージとあなたのイメージを重なり合わせてしまうことがあるのです。そうして植えつけられたイメージは、審査に影響します。少なくとも一次面接の通過率は抜群に上がります。これを私は「逆面接」と呼んでいます。

■「丸のみ内定」のテクニックとは

面接を受ける目的は内定を取ることです。「面接までいった会社の内定は必ず取る」ことを私は相談者に指示しています。しかし実際には面接のさなかにも、入社の気持ちが引いていくことがあります。特に条件面で折り合わない場合はそんなことが起こりがちです。その場で辞退しなくても、気持ちが引いていることは面接担当者の側にもわかります。応募者の表情などで、どの条件が合わなくて引いたのか、たいていわかります。そのままでは内定は決して得られません。

そんな場合でも、私は内定を取るように努力することを奨めています。例えば給与、仕事内容、休日、勤務地、ポジションなど、自分の思っている条件と合わないものがあって納得できなくても、「ぜひそれでやらせてください」、「それこそ私の仕事です」と条件をすべて受け入れ、極めて前向きな姿勢を貫くのです。つまり条件の丸のみです。これを行うと、最低七割は内定が得られるという驚くべき結果が出ました。

しかし、条件面で改善されないと困ります。内定通知を受け取ったあと、実は相談があると言って担当者と会い、納得できない条件について自分の要求をぶつけてみてください。例えば給与面では、交渉によって何らかの「手当」を追加するなどで希望に応えてくれることがかなりあります。その他の条件も内定が出たあとなら考慮してもらえる場合が多いのです。もし条件が改善されないときは、内定を辞退するだけです。

内定前なら単なる応募者ですが、内定後は会社にとっては半分身内のようなもの。条件を考慮してくれることが多いのです。また、もし、内定後に辞退されると、要員計画が達成できなくなるため、人事担当者は多少のことなら条件を受け入れようとしてくれるはずです。面接のときに辞退してしまえばあり得なかった希望条件を、内定後に獲得できる可能性が高くなります。

さらに言えば、これまでまったく内定が出なかった人もこのテクニックによってどんどん内定が出るようになります。すると意気消沈していた人もやる気が出てきます。内定が出た瞬間、選ばれる立場から自分が選ぶ立場に逆転するのです。つまり、弱い立場から強い立場になるわけです。条件交渉はそれを利用する形になるわけです。

■面接後の「企画書」作成の意義は何か

次に、「二つの質問」の結果を受けて、企画書を作成して再度の面接（面談）を実現させることについて詳しく見てみましょう。なぜ企画書を作成、提出することが、再度の面接、ひいては内定に結びつくのか、その理由は次のとおりです。

○企業は自社の課題を克服することを望んでいる

企業が人を採用するのは、自社の課題を克服するためです。課題を克服し得る人を会社は採用します。課題を聞き出し、それを克服する方法を記した「企画書」が作れる人はほぼ間違いなく採用されます。

○意欲と行動を印象づける

企画書は、面接のお礼状に添付して、遅くとも翌々日には担当者に届くようにします。面接のお礼状をすぐに出す人はほとんどいません。これを行うと、担当者は感動に近いものを感じます。

○企画書作成能力を実証できる

一般に会社に企画書を出せる人は多くはありません。それが、外部の、しかも応募者から思いがけなく届くのですから、会社はそれだけでも欲しい人材の候補に入れたくなります。

○意見が聞きたくなる

採否は別にしても、企画についてはできればもっと詳しく聞きたい、と担当者は思います。特に階層が上であればあるほど、課題を共有しそれについて考えている者の意見を聞きたくなります。中小企業で社長や役員が面接担当者だった場合は特に効果が高くなります。他の応募者とは別枠で、もう一度会いましょう、というケースが多いのはこのような理由です。

■なぜ企画書を書こうとすると、面接の受け方が変わるのか？

企画書を作ろうとすれば作るための材料が必要になります。そのため、質問の仕方が他の応募者とはまるで違ってきます。その結果担当者が受ける印象は他の応募者とまったく違ってきます。次ページの図に、企画書を書くために必要になる情報を聞き出すための質問項目の例を示します。

■面接で質問する際の注意事項

中高年の方は豊富な経験をお持ちです。例えば前職が営業部長の方が営業部長の職に応募したときの面接の場合、質問をしている最中に課題克服の答えがすぐに頭に浮かんでくるはずです。しかしそれを面接中に話してはいけません。あくまで質問し、それに答えてくれる担当者の聞き役に徹するべきです。途中で答えや自分の解釈を話し出すと、それ以後の重要な材料が引き出せなくなります。また、何より、担当者は見下されたような印象を抱いてしまうかもしれません。

28　面接で行うべき質問の例

①今回はどんな人を採用する予定なのですか？

↓

②それはなぜですか？

・採用の目的は何ですか？

・今回の採用で解決したいことは何ですか？

・それはいつ頃までに解決したいのですか？

・解決のために、採用と併せて取る方法はどんなことですか？

・今回の課題解決は会社の将来にどうつながるのですか？

（注意）

担当者の氏名をフルネーム、漢字まで確認する（宛名に使用するため）。このためには名刺を必ずいただくこと。

求職者はあくまで聞き役に徹し、情報収集に徹するのが一番です。このようなときに解決策を口に出して自滅するケースは非常に多いのです。また、面接時には企画書を送るということは口にせず、気配にも出してはいけません。なぜなら作成しようとしたときに材料が不足していたり、方針が決まらず企画書が出せないケースもありうるからです。できないものは出さずにおいてもよいのです。また、相手が予期していない状態のところに突然、しかも面接後日を置かずに届くほうが強烈な印象を与えることも折り込んでいます。

■企画書の作成方法

企画書といっても、何ページにもわたる本格的なものではありません。A４サイズの紙一枚の「企画メモ」のようなものと考えたほうがよいでしょう。項目も定型化し、できるだけ箇条書きにして簡潔にまとめていきます。その手順は次のようになります。

①質問で得た情報をもとに課題を文章で書き出し、解決策を検討します。そして、自分ができることを具体的に考え、メモに書き起こします。
②企画書を書きます（次ページの図参照）。
③各項目を簡潔に展開します。
④各項目とも可能な限り数値での表現を折り込むとより説得力が増します。ただし、その際、

29　企画書の例

○○株式会社　取締役社長　　　　　　　　　2004年8月8日

△△△△　様

プロジェクト進捗管理標準化のご提案

1. 現状の課題

プロジェクトチームが20を超え、部門横断的なタスクフォースが複数存在するなかで全員の意思統一、共通認識をどのようにとるのかが貴社の目前の課題であるとのお話をいただきました。

2. 問題のポイント

貴社のプロジェクト管理体制には次の点で問題が感じられます。

・各プロジェクト間で共通のドキュメントが分散管理されており、最新の改訂ドキュメントがどれであるのかが不明。

・各プロジェクトのリーダーがお互いに目標や現状の進捗を確認し合う機会が少ない。

・地理的に離れた拠点プロジェクトチームが意思疎通を図る手段がない。

3. 改善のご提案

(1) 管理体制を見直し、関連するプロジェクト間の連携を図り、進捗を総合的に管理する人材、およびツールを配備する。

(2) グループウェアを導入し、各プロジェクトチームは進捗と共通技術情報を必ず入力することにする。

(3) プロジェクトリーダーの進捗確認および意思統一のための定期ミーティングを月一度にし、グループウェアの機能を利用したオンライン会議を毎日定時に行う。

＊これらの措置により、貴社の管理コストは私の前職でのプロジェクト管理経験からみておよそ3割の削減を可能にすると思われます。最初の2週間でコスト削減額はツール導入のコストを上回ると考えられます。

以上

数値算出の根拠まで示すと一枚に収まらないので、根拠はできるだけ示すのを避け、もし説明の機会が持てたら、そこで資料などを直接示すのがよいでしょう。

■企画書の送付

必ず面接日の翌日に、作成した企画書を担当者に送付します。遅れると選考途中に届かず効果がなくなるからです。その際、挨拶状を必ず添付します。お礼やお願いなどの感情的内容は挨拶状に書き、企画書は事務的にクールに書くほうがよいでしょう。

企画書作成は同じ職種で面接を受けるたびに必ず行います。何度か作ると、実は企業の抱える課題はだいたい同じだと気づくかもしれません。もしそうなら、同じ企画書を少し手直しして流用することができます。

以上、企画書の作成について紹介しましたが、この方法は非常に短期間で就職する際に抜群の威力を発揮します。ほとんどの方が五〜六社の面接で内定を獲得し、そのなかで希望の会社に、希望の年収で就職しています。

■面接時の想定問答

裏ワザとも言える面接テクニックを紹介してきましたが、ここでは面接時の受け答えについて紹介していきます。実は、面接に関する不安で最も多いのが、相手の質問に適切に答えられるかどうかであり、特に自分のウイークポイントをつくような質問が出てきた場合にどう対処したらよいのかということです。実際に、面接で失敗する人は、うまく答えられない質問が出てきた、ウイークポイントをつかれて困った、という話をよくしています。企業側ではどうして答えにくい質問、ウイークポイントをことさらにつくような質問をするのでしょうか。

採用する側には、「こんな人が欲しい」という人材イメージがあります。しかし、実際の応募者にそのイメージぴったりの人はなかなかいるものではありません。採用担当者はいつも欲しい人材のイメージを描きながら求職者に接します。目の前の求職者が欲しい人材の属性を備えていてくれないものかと思って面接にあたるわけです。そこで、書類を見ながら欲しい人材のイメージに合致しない部分について質問したくなるのです。

そこで出てくる質問は、ときに辛辣に聞こえます。例えば次のようです。

「転職回数が多いので無理ですね」

「上司はあなたより若いんで難しいと思いますけど」

「ご希望の年収はちょっと無理ですけど」

「経験がもう少しあればねえ」

「休日や残業時間がちょっと合わないですね」

多くの場合、応募者のウイークポイントをズバリついてきます。応募者は自信のないところをつかれてしどろもどろになってしまいます。

■自分のウイークポイントを徹底的に洗い出す

「ウイークポイントは必ずつかれる」ので、あらかじめそれを徹底的に洗い出します。紙に書いてリストにしましょう。前記の質問はその代表的なものです。そして、それを質問されたときの回答を書き出しましょう。これは必ず作っておくべき想定問答集です。面接時の想定問答のハウツーは、書店に行って就職関連の書籍を探せばたくさん見つかるでしょう。それらは全部役に立つといってよいと思います。もちろん、本書を最初から読んでいただければ、どのような答えが企業側に好ましく思われるかは明らかでしょう。企業側のニーズと利益を考えて、それに即した回答を用意しておけばよいのです。マイナスと考えられる経歴などがあれば、先に紹介したストーリーチェンジのテクニックも流用できます。ネガティブな印象を与えるストーリーを、ポジティブな形に転換して表現するワザです。こうして用意した想定問答集を使えば、面接時の質問に対する防戦が可能になります。

■「五つのブレイクダウン」を予行する

ただし、面接担当者によっては通りいっぺんの回答では納得しないことがあります。例えば、次のような会話に導かれてしまうことがあるのです。

〈質問〉なぜ、管理職をご希望なんですか？
〈回答〉はい、チームをまとめることに生き甲斐を感じているからです。
〈質問〉なぜ、生き甲斐を感じるんですか？
〈回答〉はい、皆で成功を分かち合うことが一番だと思うからです。
〈質問〉それはなぜですか？
〈回答〉はい、成功すれば皆の評価も上がり、私も報酬がいただけるからです。
〈質問〉そうですね、評価や報酬が上がると嬉しいですよね？
〈質問〉はい、そうですね。
〈質問〉待ってください、そうすると報酬が上がるから管理職をご希望なんですね。
〈回答〉いえいえ、それは、その、つまり……。

「なぜ、なぜ……」と繰り返しながら、最初の答えとずれが生じたら「しめしめ」と思ってだめ押しを一度入れて確認し、「待ってくださいよ、最初の答えと違いますね」と言ってブレイク（破壊）してしまうこのテクニックは、実は「五つのブレイクダウン」と呼ばれるインタビューやディベートの分野で使われる技術の一つです。相手の話の矛盾点を引き出し、そこに反論を加えて相手を論破するために使われます。面接で求職者の対応力を試すためにこのテクニックが使われることがあります。

実際にはこれほど典型的な会話が行われることは少ないでしょうが、どんな状況でもきちんと回答ができるように準備しておくに越したことはありません。これに備えるには、自分で作った想定問答に、「なぜ、なぜ」を繰り返して問い直し、階層化した回答を用意しておくことです。そうすれば、たとえどんな質問が出てきても、あわてずに答えることができます。それは面接担当者によい印象を与えることはもちろんですが、何より、「どこからでもかかってきなさい」という自信が、あなたの本来のよさを面接で思いっきり発揮できる、余裕の面接時間を約束することになるのです。

ただし、こうした想定問答ではあなたのマイナスをカバーしてプラスマイナスゼロには持っていけますが、プラスにする、つまり「採用したい」と思わせるには至りません。プラスにするためには、前出の「二つの質問」や企画書の提出などの戦術が有効に働きます。

9

応募の明快さと活動状況で知る行動のポイント

自分の現在の活動状況と、応募先（志望）の明快さの度合いにより、転職のための行動のポイントとなるところが違います。それぞれの状況に応じたポイントを紹介します。

ここまでで転職のためのノウハウとテクニックの紹介を全部済ませました。あとは、あなたの現在の状況に何が足りないのかを知り、適切な対処を行っていくことになります。どのような活動のレベルで何をすればよいのか、ときどきは確かめながら活動を進めていくとよいでしょう。

そのための一つのガイドとして、「応募の明快さ」（＝志望先）と「活動の活発度」により、転職プロセスの状態を定義してみました（表）。それぞれの状態で何が必要なのか、この分類に従って考えてみます。

まず、あなたの現在の活動状況を、応募数で考えてみましょう。ひと月の応募件数が一五社以上の人は「アクティブ」に分類されます。同様に一〇社程度の人は「標準」、五社以下の人は「ノンアクティブ」に分類されます。

表の横軸になっているのは「応募の明快さ」ですが、これは自分の応募先（志望職種）が方向

		アクティブ（応募15社以上／月）	標　準（応募10社／月）	ノンアクティブ（応募5社以下／月）
応募先明快	前職と同じ場合	A	E	I
	前職と違う場合	B	F	J
応募先グレー		C	G	K
応募先不明快		D	H	L

性として絞り込まれているかどうかで分類します。業種は考慮しません。例えば第一志望職種、第二志望職種、第三志望職種にすべて「営業」「企画」「宣伝」などのようにはっきりと言い切れる人は表の「応募先明快」に相当します。「応募先明快」にはそのなかに二種類あり、第一志望が「前職と同じ」場合と「前職と違う」場合とがあります。はっきりとした志望職種が複数あるものの、その間で優先順位がつけられないという人は、「グレー」になります。志望職種がはっきりしない人は「不明快」に分類されます。例えば毎月一〇社の応募を行い、第三志望職種までをはっきりと言え、第一志望は前職と同じであれば「標準」の「明快」に分類されます。その分類の記号は「B」です。

この分類に従って、これからの活動ポイントをタイプに即して紹介していきましょう。上の表で言えば「A」のタイプの人は転職成功に近い人と言えますが、それでも転職活動がうまくいっていない場合についての今後の活動ポイントを紹介していきます。このようなタイプの人へのアドバイスは、他のタイプの人にも当てはまります。ぜひ、全部を通してお読みください。

■「アクティブ」な人のこれからの活動ポイント

○Aタイプの人

まず、活動状況が「アクティブ」で、応募先が「明快」、そして前職と同じ職種を目指している人で、転職活動がうまくいっていない場合を考えます。このタイプの人の今後の活動ポイントは、①応募書類の見直し、②相手先のニーズの再考察、③短期間での集中的な応募計画を策定して実行すること、の三つです。

活動自体が活発なのに転職活動がうまくいっていないのは、相手先に適切に自分をアピールできていないことが原因と考えられます。そのためにはまず応募書類を見直して、より的確に自分を表現できるようにする必要があります。

履歴書、経歴書については、就職関係のハウツー本などによく載っているいるような標準レベル以上のものが作れていればOKです。気をつけるべき箇所は「志望動機」の欄です。よく見受けられる悪い例は、ここに前職を辞めた理由や自分の生活の見通しのことなどを書いてしまうことです。それが志望動機になりうるものなのかどうか、よく考えるべきです。しかし、そう書いてしまうのは、そんな理由や今後の生活が実はこれからの仕事への取り組みに何かのかかわりがあると内心で思っているからだと思います。それなら、小さな「志望動機」欄ではなく、堂々と別紙の「自己ＰＲ文」として、要領よく志望企業の利益とそれらがどう結びつくのかを説明するべきでしょう。前職を辞めた理由がどのようなものであれ、コンプレックス色を払拭して、未来への希望を語る書類にすべきです。

また、相手先のニーズを再考察するというのは、本当に可能性のあるターゲットに向けて応募しているのかをよく考えるということです。例えば構造不況のさなかにある企業でのリストラで退職したのに、また同業種、同職種を求めても無理な話です。退職した会社と同じ状況にあるはずだからです。ニーズのないところへの応募をしていないかどうかを確認しましょう。また、採用ニーズがある人物像をよく考え、自分がその人物像と重なるのかどうかも、よく考えたほうがよいでしょう。

さらに、短期間に集中的な応募活動を行うというのは、私が推奨しているような週に二〇社以上への応募のような集中的な活動に切り替えるということです。普通の求職者の方は、転職活動の期間を長く考えがちで、そのなかで活発に活動していると思っていても、活発さのレベルが私のプログラムの場合とではだいぶ違います。前出の相手先のニーズを考えることは必要ですが、ストライクゾーン内に入ると思ったら、あれこれ考えずに応募してみることが肝心です。その応募そのものが結果として不採用でも、活動のなかで他の可能性のある会社を紹介されるなど、「縁」を作ることができるからです。行動の前に考え過ぎて自分で「縁」を断つのはもったいないことです。行動は、自分に「縁」を引きつけることだと考えてください。

○Bタイプの人

基本的にはAタイプの人と同じ特性を持ち、前職とは別の職種を希望されている方の場合は、新しく求めている職種にどんな希望を持っているのかをはっきりとさせることが大切です。興味・関心がない職種は初めから希望されないわけですから、何らかの期待・展望があるはずです。それを業界のトレンドに沿って説明し、前職での経験などがそれにどう活用できるのか、どんな結果が期待できるのかを簡潔に、情熱を持って相手先に伝えることが重要です。それを自己PR文を含む応募書類に反映させることが最大のポイントです。

活動の仕方としては、Aタイプの人と同様、応募書類の見直し、採用ニーズの再考察、短期集中応募というポイントで行ってください。

○Cタイプの人

志望職種が曖昧なまま、活動は活発に行っているこのタイプの人の場合、まずは職種を絞り込むことが肝心です。志望職種をはっきりさせられないのは、前職で自己実現がうまくできなかったことに起因する自信喪失が大きな原因になっているケースが多いようです。このような場合には、まず志望職種に優先順位をつけることをお奨めします。例えば、「家族と一緒にいること」を優先するとか、「上司に縛られないこと」とか、「一生現場にいられること」とか、どんなことでも紙に書き出してみて、そうした希望をかなえるために仕事に何を求めればよいのかを考えてみましょう。これは職種の選択というより、むしろ人生の選択といってもよいでしょう。そのうえで、就職の条件にも優先順位をつけてみましょう。「給料は○万円以上」が一番、「現場での仕事」が二番というように順番をつけます。そして、求人情報を探し、優先順位に基づいて可能な職種を選びます。そうして絞り込んだ職種の中で、最も関心が持てる職種を見いだします。これはなかなか絞り込めないかもしれません。その場合は、「とりあえず」仮に決めておいて、行動の途中で修正していくことになります。行動のなかで、納得できる職種が決まってくる場合がほとんどです。先に考えすぎるよりも、まず行動を取ることが肝心だと言えます。

○Ｄタイプの人

職種についての明確な考えを持たず、多くの職種に応募をして失敗を繰り返すのがこのタイプです。視点が決まっていないので、書類のイメージがまとまりません。このタイプの人は、過去の職歴が多様な場合が多いようです。もしも志望がどうしても決められなければ、まず前職のなかで最も自分にフィットした仕事は何かを考え、その仕事に向けて行動していきます。それは例えば「プログラマー」「営業」「経理」など複数の職種であってもかまいません。それぞれに特化した三種類なら三種類の応募書類を作り、応募活動を行います。それに対する相手の反応を見ながら、徐々に職種を絞り込む方法が取れます。

■「標準」的に活動している人の今後の活動ポイント

○Eタイプの人

応募数を増やすことが最も大切です。そのためには、年齢条件をはじめとする諸条件を無視して応募していく方法を取る必要があります。

○Fタイプの人

前職での経験がネックになっている場合が多いようです。前職での経験と、採用ニーズとの共通項を見つけ、それをアピールすることが最も大切です。また、「未経験可」の条件に限定せずに、不採用の確率は高くても短期に集中した応募を行うことも大事です。

○Gタイプの人

Cタイプの人と同様に、曖昧な志望職種を明確化することが最も大事です。そしてできるだけ「条件破壊」応募の取り組みを行い、短期集中応募を、明確な数値目標を立てて行うことが採用につながります。

○Hタイプの人

Dタイプの人と同様、応募の視点を確立することがまず求められます。それができたあとに、E、F、Gタイプの人へのポイントを参考に、条件破壊応募と短期集中応募を心がけてください。

■ノンアクティブな人の今後の活動ポイント

○Ｉタイプの人

前職でのネガティブな経験が尾を引いて、行動できなくなっているタイプです。同じ職種でも勤務体系がよいところを探すとよいのですが、求人案件は少なくなります。そこで、前職と「関連」する職種を設定し、志望職種を立て直すと多数の応募を行うことができます。

○Ｊタイプの人

未経験の仕事を前に腰が引けているようです。なぜ新たな職を目指すのか、自分に問い直すことが大事です。

○Ｋタイプの人

求人の少なさや職種に対する不安、疑問が行動にブレーキをかけています。「アクティブ」な人、「応募先グレー」の人への活動ポイントを読み、参考にしてください。

○Ｌタイプの人

まず期限を設定するのが急務です。志望方向はそのあとでもかまいません。ゴールに達する期限を設定しないと、スタートすることができません。

おわりに

いかがでしたか？　転職への展望が見えてきたのではないでしょうか。本文で繰り返したように、私がいつも心掛けているのは、何より行動が大切だ、ということです。この本のなかに役に立つかもしれないと思うノウハウがありましたら、ぜひ、実際にそのように行動してみてください。それはきっと、あなたの「幸せ転職」への第一歩となると思います。

この本を世に出すにあたって多くの方のお力添えをいただきました。e‐プランニングの須賀柾晶さん、トランスエージェントの安藤雅旺さん、山田敬三さんには本を世に出すためにご尽力いただきました。朝日新聞社書籍編集部の岡恵里さんには、書籍としての体裁を成すまでにさまざまな助言をいただきました。特に編集・制作の実務を担当されたドキュメント工房の土肥正弘さんには言葉に尽くせぬ感謝の念を抱きます。彼がいなければこの本は世に出なかったろうと思います。本当にありがとうございます。また、今まで支援してきた転職成功者の方々にも心から感謝いたします。皆さんが私の活動を支持してくださったからこそ、この本が生まれたのです。とりわけ、冒頭のインタビューに快くご協力いただいたYさん、Iさんには心からお礼申し上げます。そして、私にとって一番厳しい批評家である妻の美津代と、いつも元気をくれている息子の友亮に、心から感謝します。新しい試みを容認し、いつもそばで支えてくれました。今までこの活動を続けてこれたのは、家族のお陰です。

次に成功するのはあなたです。この本のノウハウをぜひ生かしていただき、あなた自身の「幸せ転職」を果たされることを心から願っています。

二〇〇四年七月

佐々木　一美

〈著者プロフィール〉

佐々木一美（ささき かずよし）

1963年札幌市生まれ。大手建設会社教育事業部長、教育事業会社進路指導部長を歴任、新規事業を数多く開発、軌道に乗せる。その後「転職者利益を最優先した転職成功」を目標にした転職総合アドバイザーとして独立。特に中高年を中心とする転職希望者への転職支援プログラムは、2004年6月現在までに90名を超える対象者すべてに2カ月以内で希望職種・待遇での転職を成功させている。

メールマガジン等で転職希望者の疑問や不安、今後のとるべき行動に対するサポート活動も行っている。

（有）トランスエージェントCRA（キャリアリビルドアドバイザー）

ベルコリンズ研究所　所長

WEBサイト（中高年の転職）　http://www.tyukounen.com

WEBサイト（転職支援）　http://www.transagent.co.jp/career-rebuild/

驚異《きょうい》の「幸《しあわ》せ転職《てんしょく》」術《じゅつ》

中高年が続々成功！　短期実戦プログラム

2004年8月30日　第1刷発行

著　者　佐々木一美

発行者　柴野次郎

発行所　朝日新聞社

〒104-8011 東京都中央区築地5-3-2

電話　03-3545-0131（代表）

編集・書籍編集部　販売・出版販売部

振替　00190-0-155414

印刷所　大日本印刷

ISBN4-02-257934-X

定価はカバーに表示してあります。